beck'sche reihe

b sr

Wie alt ist China? – Ist China noch ein sozialistisches Land? – Welchen Zugang haben Chinesen zum Internet? – Wie funktioniert die chinesische Computertastatur? – Was sind die größten Erfindungen Chinas? – Welche Rolle spielt der Sport? – Denken die Chinesen anders? – Muß man darauf achten, daß Chinesen ihr Gesicht nicht verlieren? – Diese und andere Fragen beantwortet Hans van Ess knapp, kenntnisreich und für jeden verständlich. Das Buch enthält ganz einfache Fragen, die teilweise gar nicht so leicht zu beantworten sind, aber auch schwierige Fragen mit überraschend einfachen Antworten. Insgesamt bieten die Fragen und Antworten eine ebenso umfassende wie kurzweilige Einführung in das Reich der Mitte.

Hans van Ess ist Professor für Sinologie an der Universität München. Seine Forschungsschwerpunkte liegen im Bereich der chinesischen Geistesgeschichte, insbesondere der konfuzianischen Tradition. Bei C. H. Beck erschien von ihm u. a. «Der Konfuzianismus» (2003).

Hans van Ess

Die 101 wichtigsten Fragen
China

Verlag C. H. Beck

Mit 8 Abbildungen und 1 Karte

Originalausgabe

© Verlag C. H. Beck oHG, München 2008
Satz: Fotosatz Reinhard Amann, Aichstetten
Druck und Bindung: Druckerei C. H. Beck, Nördlingen
Umschlagentwurf: +malsy, Willich
Umschlagabbildung: Jogi Uruk-hay
Printed in Germany
ISBN 978 3 406 56808 4

www.beck.de

Inhalt

Politik

Wirtschaft

Sprache und Schrift

Religion und Philosophie

Kultur

Gesellschaft

Ernährung und Kleidung, Medizin und Sport

Hinweise zu Transkription und Aussprache finden sich in der Antwort auf Frage 56.

Vorwort

China gewinnt für uns immer mehr an Bedeutung, die allgemeine Kenntnis des Landes nimmt jedoch nicht in gleichem Maße zu. Sinologen bleiben oft unter sich, obwohl gerade sie dazu berufen wären, eine größere Leserschaft besser mit China vertraut zu machen – und zwar über die wenigen, immer gleichen Fragen und die fest gefügten Meinungen dazu hinaus, die gewöhnlich von den Medien vermittelt werden. China beschränkt sich eben nicht auf die Themen Wirtschaft, Menschenrechte, Taiwan und Tibet. Dieses Buch eines Sinologen will dazu beitragen, allen, die beruflich oder privat mit China in Berührung kommen, ein umfassenderes Bild des Landes zu vermitteln. Denn nur durch das Wissen voneinander kann ein Dialog zwischen Europäern und Chinesen in Gang kommen, der diesen Namen wirklich verdient.

Die Auswahl der Fragen geht aus langjähriger Erfahrung hervor, die ich in vielen Vorträgen und bei engagierten Diskussionen mit Zuhörern sammeln konnte. Besonders in den ersten drei Kapiteln zur Geschichte, Politik und Wirtschaft, aber auch bei den Antworten zur Religion sei der Leser dazu eingeladen, sich auf eine chinesische Sichtweise einzulassen, die nicht immer richtig sein muss, die es aber verdient, ernst genommen zu werden. Es tut dem Europäer gut, hin und wieder auch die andere Seite anzuhören und zu bedenken.

Ein Buch wie das vorliegende kann nicht ohne die Hilfe vieler Kollegen entstehen. Jedoch ist es zu sehr die Summe unterschiedlichster Erfahrungen und Hilfestellungen, als dass es möglich wäre, allen Personen einzeln zu danken. Ich hoffe, dass alle, die mir im Gespräch eine Idee oder eine Information vermittelt haben, die sich auf den folgenden Seiten findet, es mir nicht übel nehmen, dass keine Anmerkungen darauf hinweisen. Den zahlreichen Helfern sei hier stattdessen kollektiv gedankt.

Die gewählte Umschrift ist die von der Volksrepublik China propagierte Hanyu Pinyin, die zwar zahlreiche Schwächen hat, aber mittlerweile so weit verbreitet ist, daß es ratsam schien, Personen- und Ortsnamen mit ihrer Hilfe zu transkribieren. Alles andere dürfte größere

Verwirrung stiften. Die Prinzipien der Hanyu-Pinyin-Umschrift werden in der Antwort auf Frage 56 erläutert. Dort findet sich auch eine Aussprachetabelle, die helfen kann, die gröbsten Aussprachefehler zu vermeiden.

München, im Oktober 2007   *Hans van Ess*

Geschichte

1. Wie alt ist China? Wer nach China kommt, wird schnell mit der Aussage von der fünftausendjährigen Geschichte Chinas konfrontiert. Diese Zahl mag dem Historiker ein wenig willkürlich erscheinen. Wie soll man den Beginn der «Geschichte» überhaupt bestimmen? Belege für eine frühe Besiedelung Chinas durch den Homo Erectus lieferten zu Anfang des 20. Jahrhunderts in der Nähe von Peking Knochenfunde, die auf ein Alter von 300 000 bis 700 000 Jahre geschätzt werden. Auf der Grundlage dieser und anderer Funde lehnt eine Reihe chinesischer Wissenschaftler die sogenannte «Out of Africa»-These ab, derzufolge der Mensch sich von Afrika aus auf der ganzen Welt ausbreitete. Ihrer Meinung nach hat sich der Mensch an verschiedenen Stellen der Welt, unter anderem in China, unabhängig entwickelt.

Zu den ersten bedeutenden Kulturen, die Archäologen in China ausmachen konnten, gehören die Yangshao- (5000–3000 v. Chr.) und die Longshan-Kultur (3000–2000 v. Chr.). Eine ganze Siedlung, die auf die Zeit um 4000 v. Chr. datiert, wurde in Banpo, einem Dorf bei Xi'an in der westchinesischen Provinz Shaanxi, gefunden. Weil sich in einigen Frauengräbern mehr Tongefäße als in Männergräbern befanden, wird dem Besucher unter Verweis auf Friedrich Engels nahegelegt, in Banpo habe das «Matriarchat» geherrscht. Jedoch sind die Belege zu dünn, als dass dieser Theorie vorbehaltlos gefolgt werden könnte.

Die Vorstellung von der fünftausendjährigen Geschichte geht auf die Angaben der traditionellen chinesischen Historiographie zurück. Als sich zu Beginn des 20. Jahrhunderts in China eine kritische Bewegung daran machte, überkommene Vorstellungen zu hinterfragen, fiel bald auf, dass die chinesische Geschichte paradoxerweise umso weiter zurückreichte, je weiter sie voranschritt: In den frühesten Texten ist immer wieder von den drei Kaisern Yao, Shun und Yu die Rede, die alle im dritten Jahrtausend v. Chr. gelebt haben sollen. Im 3. Jahrhundert v. Chr. wird die Geschichte um weitere Herrscher ergänzt, vor allen Dingen den Gelben Kaiser, der einige Generationen vor Yao China regiert haben soll, und Shennong, den «Göttlichen Landmann», der auch als «Flammenkaiser» bekannt ist. Als Weltenschöpfer ist in manchen Texten des 2. Jahrhunderts Pangu angegeben, in anderen das Paar Fuxi und Nüwa, das in der Ikonographie gerne in

Form zweier verschlungener Drachen dargestellt wird. Um das Jahr 0 westlicher Zeitrechnung finden sich erste Versuche, diese Kaiser in eine zeitliche Abfolge zu bringen und auszurechnen, wann sie gelebt haben. Erst im 11. Jahrhundert ist dieser Prozess der Errechnung einer mythischen Chronologie ganz abgeschlossen. Fuxi soll danach im Jahr 2852 v. Chr. die Herrschaft angetreten haben, der Flammenkaiser 2737 und der Gelbe Kaiser 2697 v. Chr.

Seit einiger Zeit hört man in China immer häufiger die Bezeichnung «Enkel des Gelben Kaisers und des Flammenkaisers» für das chinesische Volk, und es gibt mehrere Stätten, an denen Statuen dieser Gründerahnen aufgestellt wurden. Dies geschieht in Anlehnung an den chinesischen Bauernkalender, der seine Jahreszählung mit dem Gelben Kaiser beginnt. Doch ist sich die Wissenschaft in China und andernorts weitgehend einig, dass dieser ebenso wie Yao und Shun ins Reich der Mythologie zu verweisen ist. Keine Einigkeit besteht allerdings hinsichtlich der Person des Yu, dem traditionell die Bändigung der überbordenden Fluten und die Einteilung Chinas in neun Regionen zugeschrieben wurde. Er ist nämlich der Begründer der Xia-Dynastie, die bis zum Machtantritt der Könige der Shang-Dynastie im 18. Jahrhundert v. Chr. für mehr als 400 Jahre über China geherrscht haben soll. Von der überwiegenden Mehrzahl der westlichen Sinologen wird auch diese als mythisch angesehen, weil es keinerlei archäologische Zeugnisse gibt, die die Historizität der Xia-Dynastie belegen könnten. Chinesische Wissenschaftler indes glauben, die Chronologie der Xia-Dynastie einigermaßen sicher bestimmen zu können. Sicheren Boden betritt die Wissenschaft erst mit der Dynastie Shang, aus deren Zeit schon eine recht genaue Herrscherfolge überliefert war. Diese ist Ende des 19. Jahrhunderts durch den Fund von zu Orakelzwecken verwendeten Knochen, in die Namen der Shang-Herrscher eingeritzt waren, eindrucksvoll bestätigt worden.

2. Woher kommt der europäische Name Chinas?

Eine Antwort auf diese Frage fällt viel schwerer, als manches Einführungswerk glauben machen möchte. Allgemein wird angenommen, dass sich die Bezeichnung China vom Namen der Dynastie Qin (sprich: Tchin, mittelchinesisch «Ts'ien»), herleitet, die im Jahr 221 v. Chr. das chinesische Reich einte. Indessen sprechen die meisten römischen Quellen, unter denen Plinius der Ältere und Strabo hervorzuheben sind, von einem Land der Serer, also der Seidenhersteller, wenn von den östlichsten Gegenden der Welt die Rede ist. Hinter diesem Wort steckt allerdings keine echte Kenntnis Chinas, so dass auch ein anderes Volk gemeint sein könnte. Nach landläufiger Auffassung schon im 1. Jahrhundert n. Chr. verfasst worden ist der Heidelberger Periplus Maris Erythraei, der ein im äußersten Norden gelegenes Land This und dessen mit Seide handelnde Stadt Thinae erwähnt, die manche gerne mit China und Qin gleichsetzen wollen. Andererseits siedelt Ptolemaios die Stadt Thinae im äußersten Süden von «Sinai» an, das aber von manchen Fachleuten nicht unbedingt als China identifiziert wird, sondern eher Südostasien bezeichnen könnte. In chinesischen Quellen ab dem 4. Jahrhundert findet ein See mit Namen «Qin-Meer» Erwähnung, der heute in der Wüste Taklamakan lokalisiert wird. Dies könnte dafür sprechen, dass «Sina» auf ein China vorgelagertes zentralasiatisches Land zurückgehen könnte.

Aussagekräftige Belege gibt es erst aus dem 6. Jahrhundert, in dem der byzantinische Historiker Prokopios den Schmuggel von Seidenraupen aus Serinda beschreibt und der Indienfahrer Kosmas vom Seidenland «Tzinista» berichtet. Indes hat es zu dieser Zeit zusätzlich eine Jin-Dynastie und drei weitere, von nomadischen Fremdvölkern gebildete «Qin-Dynastien» gegeben (in der zweiten Hälfte des 4. Jahrhunderts), auf die der Name «China» ebenfalls zurückgehen könnte. Schon im 1. Jahrhundert heißt es aber in chinesischen Quellen, dass Nachbarvölker die Chinesen als «Männer von Qin» bezeichneten, obwohl mittlerweile die Dynastie Han (207 v. Chr. – 220 n. Chr.) an der Macht war.

Der russische Name für China lautet «Khitai», und die Abwandlungen «Catay» oder «Cathay» finden sich überdies in der westeuropäischen Literatur. Wie «China» geht auch diese Bezeichnung auf eine Dynastie zurück, nämlich auf die Liao-Dynastie, die zu Beginn des 10. Jahrhunderts in Nord- und Nordwestchina von dem möglicherweise mongolischen Volk der Khitan gegründet wurde. Lange hielt sich übrigens in Europa der Glaube, dass es sich bei Sina und Khitai um zwei verschiedene Länder handele.

Ein weiteres Detail erstaunt den Betrachter: In der zu Beginn des 5. Jahrhunderts verfassten Geschichte der Späteren Han-Dynastie (25–220 n. Chr.) ist die Rede von einem Land namens «Großes Qin», das sich «westlich des Meeres» und westlich von Indien befinde. Die Identifizierung des «Großen Qin» mit «Rom» ist mittlerweile allgemein anerkannt. Zur Begründung, warum man in China diesen Namen verwende, sagt der Text lediglich, die Bevölkerung sei groß, ausgeglichen und gerecht, genau wie in China selbst. Daher habe man das Land «Großes Qin» genannt. So könnte es sein, dass der Name «China» eine Spiegelung einer Bezeichnung ist, die chinesische Händler den Römern gaben.

3. Wie bezeichnen die Chinesen ihr Land und sich selbst? China heißt im modernen Chinesischen Zhongguo. Dieser Begriff bezeichnete ursprünglich die Ökumene aus mehreren Staaten, mit denen die Gründer der Zhou-Dynastie, nachdem sie um 1050 v. Chr. die Shang-Dynastie abgelöst hatten, Familienmitglieder und enge Gefolgsleute belehnten. Der Name bedeutet korrekt übersetzt «Die Mittellande», nicht etwa, wie dies oft zu lesen ist, «Reich der Mitte». Daneben gab es damals in Gemengelage mit den Mittellanden einzelne Staaten, die nicht als der Gemeinschaft zugehörig verstanden wurden, wohl weil ihre Einwohner fremdsprachig waren und nicht an der chinesischen Kultur teilhatten oder weil ihre Führung nicht zum herrschenden Clan gehörte. Im Unterschied zu den als «barbarisch» empfundenen Völkern an der Peripherie bezeichneten sich die Bundesgenossen auch häufig als «alle Xia», womit wahrscheinlich die Zugehörigkeit zum noch viel älteren Adelssystem der Xia-Dynastie ausgedrückt wurde, oder aber als «Hua-Xia». Die Herkunft des Begriffes «Hua», der auch im offiziellen Namen der Volksrepublik China (Zhonghua renmin gongheguo = Volksrepublik Mittleres Hua) auftaucht, gibt den Forschern Rätsel auf. Wahrscheinlich aber handelt es sich um eine Gegend im nördlichen Zentralchina, in der sich der «Hua-Berg» befindet. Überseechinesen werden heute gemeinhin als «Hua-Menschen» bezeichnet, was daran liegt, dass man sie nicht mehr zu den «Bewohnern der Mittellande» zählen kann.

Der Name «Zhongguo» wurde auch nach der Reichseinigung weiterverwendet, wobei die alte Bedeutung von unterschiedlichen, sich als kulturelle Einheit empfindenden Staaten immer mitschwang. Sollte von einem politisch geeinten Reich die Rede sein, dann bezeichnete man China grundsätzlich nach der herrschenden Dynastie. So findet sich in den vielen Volkszählungen, die im Lauf der chinesischen Geschichte erstellt wurden, niemals der Begriff «Menschen aus den Mittellanden», jedoch oft der Name der Dynastie, der die Menschen untertan waren. Einer ragt aus der Menge besonders hervor: Ironischerweise ist dies nicht der Name der kurzlebigen Dynastie

Qin, die das Reich einte, sondern derjenige der auf sie folgenden Han-Dynastie. Noch in den demographischen Erhebungen des 11. bis 13. Jahrhunderts, einer Zeit, in der nomadische Völker über Teile des Reiches herrschten, wird zur Unterscheidung bestimmter Gruppen für die ethnisch chinesische Bevölkerung der Name «Han» verwendet, wobei unter den Mongolen, bevor sie China im Jahr 1276 ganz unterwarfen, zwischen den bereits eroberten «Han» in Nordchina und den «Song» in Südchina differenziert wurde (der Name Song geht auf die Dynastie im Süden zurück). Wenn sich ein Chinese heute als «Han-Mensch» bezeichnet, dann tut er dies, um sich als Angehöriger der mit etwa 91–94 Prozent Anteil an der Gesamtbevölkerung größten ethnischen Gruppe zu erkennen zu geben. Die weitaus gängigere Bezeichnung «Mensch aus den Mittellanden» (Zhongguo ren) hingegen weist ihn als Bewohner der territorialen und – zumindest hypothetisch – kulturellen Einheit China aus, die sowohl Chinesen als auch andere ethnische Gruppen umfasst. Auch für das Chinesische gibt es zwei Bezeichnungen, nämlich «zhongwen» («Drinnenschrift»), das die gesamte Bandbreite des literarisch-kulturellen Schatzes der chinesischen Sprache meint, und «Hanyu» (Han-Sprache), das eher die eigentliche grammatikalisch-lexikalische Sprache betont.

Das Bewusstsein kultureller Zusammengehörigkeit ist in China so weit verbreitet, dass die Dichotomie «Innen» bzw. «Mittel» für alles Chinesische sowie «Außen» für den Rest der Welt sogar verwendet werden kann, wenn sich Chinesen miteinander im Englischen Garten in München über Unterschiede zwischen China und Deutschland unterhalten.

4. Waren die Chinesen von vor zweitausend Jahren dasselbe Volk wie heute? China war vor zweitausend Jahren wesentlich kleiner als heute. Bis zur Reichseinigung durch die Qin lag das Zentrum in der ostchinesischen Ebene nördlich und südlich des Gelben Flusses. Schon solche Gebiete wie das des heutigen Peking oder die heutigen Provinzen Shaanxi mit der Hauptstadt Xi'an oder Hubei mit der Hauptstadt Wuhan (am Yangzi gelegen) galten als halbbarbarisch. Zwar wurden durch die Expansion der Qin-Dynastie ab 221 v. Chr. und des Han-Reiches Teile Zentralasiens und Vietnams unterworfen, doch ging die chinesische Bevölkerung in diesen Gebieten damals in den zahlenmäßig überlegenen anderen ethnischen Gruppen auf. Erst im 4. Jahrhundert n. Chr. setzte eine nennenswerte Kolonialisierung von Gebieten südlich des Yangzi ein, während Nordchina Einflüssen türkischer und mongolischer Völker ausgesetzt war. Bis zum Ende des 1. Jahrtausends blieb das Zentrum der chinesischen Kultur in Nordchina. Erst dessen Besetzung durch nomadische Fremdvölker vom 11. bis zum 13. Jahrhundert und eine darauf folgende große Auswanderungswelle führten zu einer Verlagerung des Bevölkerungsschwerpunkts nach Süden. Die allmähliche chinesische Expansion wird gerne als ein Prozess der Assimilierung anderer Völker an die chinesische Kultur bezeichnet. Wahrscheinlich dürfte aber umgekehrt das Gleiche geschehen sein. Die Auswertung genetischen Materials zeigt, dass die Chinesen südlich des Yangzi wesentlich enger mit austronesischen Völkern verwandt sind als mit Nordchinesen, die wiederum mongolischen, koreanischen und zentralasiatischen Ethnien nahestehen. Diese Untersuchungen deuten darauf hin, dass sich die heutige chinesische Bevölkerung von der einstigen ethnisch stark unterscheiden dürfte. Allerdings hat diese Aussage wenig Bedeutung, da sich von jeher Chinesen eher kulturell als ethnisch definiert haben.

5. Warum wurde die große Mauer erbaut? Nach Auskunft der frühesten chinesischen Geschichtswerke begannen im 4. Jahrhundert v. Chr. einzelne Staaten der damals noch in verschiedene Einzelreiche aufgespaltenen chinesischen Ökumene nach Norden zu expandieren, um neues Ackerland zu gewinnen. Damit verdrängten sie nomadische Völker aus ihren angestammten Weidegebieten. Um die neu gewonnenen Territorien vor Einfällen der zurückgedrängten Nomaden zu sichern, wurden erste Teilstücke einer Mauer errichtet. Erst der Erste Erhabene Kaiser der Qin-Dynastie (221–210 v. Chr.) aber, unter dem der Krieg gegen die Nomaden zu einem festen Expansionsplan wurde, ließ in großem Maßstab Menschen mobilisieren, um die Grenzen zu befestigen.

Dabei hatte die Mauer eine ähnliche Funktion wie im Römischen Reich der Limes: Sie war kein unüberwindliches Hindernis, sondern hielt potentielle Angreifer nur kurzfristig auf. Die in bestimmten Abständen stationierten Grenztruppen konnten jedoch mit Signalfeuern auf bevorstehende Angriffe aufmerksam machen und schnell Hilfe holen. Ihren Zweck erfüllte die Mauer also nur, solange im Inneren des Reiches ausreichend Mittel zur Verfügung standen, um eine

Verteidigung zu organisieren. Sobald dies nicht mehr gewährleistet war, wurde die Mauer nutzlos. Sie war im Laufe der chinesischen Geschichte mehrfach verfallen, und die Bauabschnitte, die heute zu besichtigen sind, wurden erst in den letzten drei Jahrzehnten aufwendig restauriert. Dabei knüpfte man auch nicht an den Originalzustand aus der Qin-Zeit an, sondern an während der Dynastie Ming (1368–1644) errichtete Bauten. Die letzte Dynastie Chinas war selbst nomadischen Ursprungs und hatte verständlicherweise kein großes Interesse an der Mauer.

Übrigens ist die alte chinesische Geschichtsschreibung mit dem Erbauer des heute als Wahrzeichen Chinas geltenden Monumentes nicht freundlich umgegangen: Er habe die Kräfte des Volkes über die Maßen für seine ehrgeizigen Ziele strapaziert, seine gigantischen Bauten seien Zeichen seiner Hybris und letztlich einer der maßgeblichen Gründe für die Kurzlebigkeit seiner Dynastie gewesen. Zwar habe er für einen kurzen Zeitraum die Feinde aus dem Norden abwehren können, doch im Inneren des Landes seien dafür Aufstände gegen ihn losgebrochen. Letztlich also sei der Bau der Mauer ein wichtiger Grund für den frühen Fall der Qin-Dynastie gewesen.

6. Wieso wurden in China Terrakottaarmeen vergraben? 1974 fanden Bauern in einem Sperrgebiet bei Schachtarbeiten in der Nähe des Grabhügels, unter dem der Erste Kaiser der Qin-Dynastie begraben sein soll, zufällig 6000 aus Ton hergestellte übermannsgroße Krieger. Generell besteht die Vermutung, dass diese Terrakottaarmee im Rahmen der Arbeiten am Mausoleum des Ersten Kaisers, die schon kurz nach dessen Herrschaftsantritt begannen, hergestellt wurde. Eine entsprechende wissenschaftliche Datierung steht aber bisher noch aus. Namen, die vermutlich von Handwerkern in die Figuren geritzt wurden, sind so allgemein gehalten, dass nicht endgültig klar ist, ob sie aus der Zeit des Ersten Kaisers stammen.

Der Historiker Sima Qian (145 – ca. 87 v. Chr.), in dessen Werk eine Beschreibung der Grabanlage des Ersten Kaisers enthalten ist, berichtet zwar, dass 700 000 Sträflinge zu Aushubarbeiten geschickt worden seien und dass man den Sarg durch ein Bronzefundament gesichert habe, auch dass man seltene Gerätschaften und wertvolle Gegenstände aus Palästen und Ämtern dorthin geschafft und eine Armbrustanlage mit einem Selbstauslösemechanismus zur Absicherung gegen die auch im Altertum ihr Unwesen treibenden Grabräuber erbaut habe. Zudem heißt es bei Sima Qian, dass mit Quecksilber die Flüsse und Meere der Welt nachgeahmt worden seien. Von Tonkriegern aber ist nicht die Rede. Vergleichbare Tonarmeen, die in anderen Gräbern des 3. und 2. vorchristlichen Jahrhunderts gefunden wurden, sind sowohl in Bezug auf die Anzahl der Figuren als auch auf ihre Ausführung wesentlich kleiner. Überdies wurden sie mit einer gänzlich anderen Technik hergestellt. So steht die Wissenschaft noch immer vor einer Reihe von offenen Fragen. Gemeinsam ist allen Tonarmeen, dass sie, ähnlich wie griechische und römische Marmorplastiken, ursprünglich bunt bemalt waren.

Eines der ältesten chinesischen Lieder beklagt drei Würdenträger des Staates Qin, die ihrem verstorbenen Herrscher im Jahr 620 v. Chr. ins Grab folgen mussten. An anderer Stelle heißt es gar, 170 Männer seien lebendig mit dem Herzog begraben worden, damit es ihm in der Unterwelt, bei den «Gelben Quellen», an nichts fehle. Der Brauch, Vertraute oder Frauen eines Herrschers zu töten und mit ihm zu bestatten, wird auch in anderen Quellen erwähnt und von der chinesischen Archäologie bestätigt. Bekannt ist er aus vielen Kulturen, unter anderem gibt es Belege von den Skythen und frühen nomadischen Völkern Nordasiens. In China scheint man aber schon früh begonnen zu haben, für solche Bestattungen anstatt der Menschen Figuren zu verwenden. Konfuzius soll sich einer Quelle aus dem 3. vorchristlichen Jahrhundert zufolge gegen die Bestattung von Figuren, die offenbar manchmal mit einer Art Mechanik ausgestattet waren, gewandt haben, weil diese immer noch zu menschenähnlich gewesen seien. Im kanonischen Ritenbuch heißt es dagegen, die Herstellung von Grabbeigaben sei als eine kulturelle Errungenschaft zu betrachten, weil durch sie verhindert werde, dass Gebrauchsgegenstände der Lebenden in die Gräber wanderten.

All dies deutet darauf hin, dass die Vorstellung, der Mensch führe sein Leben nach dem Tode einfach nur an anderer Stelle fort, im alten China sehr umstritten war – an mehreren Stellen wird in der Literatur die Möglichkeit eines Weiterlebens nach dem Tode explizit in Frage gestellt. Auch wenn Sima Qian viel von den Versuchen des Ersten Kaisers von Qin berichtet, Unsterblichkeit zu erlangen, glaubte dieser vermutlich nicht daran, dass eine Tonarmee seinen Leichnam schützen könne. Der Bau seiner Grabanlage war vielmehr offenbar eine gewaltige Machtdemonstration. Generell könnten Beigaben zudem einen zeremoniellen Zweck bei den Begräbnisfeierlichkeiten erfüllt und dazu gedient haben, dass der Verstorbene nach seinem Ableben über dieselben Annehmlichkeiten verfügte wie zuvor. Die Quellen geben auf diese Frage keine explizite Antwort.

7. Wo verläuft die Seidenstraße?

In der griechisch-römischen Antike hatte man von China nur ein schimärenhaftes Wissen. Heißbegehrt war aber vor allem bei den Römerinnen die aus China kommende Seide, die ihren Weg durch das Reich der im heutigen Iran und im Zweistromland herrschenden Parther nahm. Römische Autoren geißeln die Schamlosigkeit, mit der die Frauen durchsichtige Seidengewänder trugen. Die Handelsstraße, über welche die Seide ins römische Reich gelangte, bezeichneten schon antike Historiker und Geographen wie der berühmte Ptolemaios als «Serike» oder «Serata». Bevor persische und arabische Seefahrer ab dem 7. Jahrhundert die Route über das Meer einschlugen, war diese Straße jahrhundertelang die einzige nennenswerte Verbindung zwischen China und dem Westen. Sie nahm ihren Anfang in der Hauptstadt Chang'an, in der Nähe des heutigen Xi'an, und führte dann durch den Hexi-Korridor zu den Oasenstädten der Taklamakan. In der heute als Xinjiang (Neue Territorien) bezeichneten autonomen Region im Nordwesten Chinas teilte sich die Straße in zwei Routen, die das unfruchtbare Tarimbecken in nördlicher und in südlicher Richtung umschlossen. Die beiden Routen trafen bei Kashgar wieder aufeinander und führten dann über den Karakorum-Pass durch Pakistan und Afghanistan nach Iran. Von dort aus zogen die mit Waren beladenen Karawanen schließlich ins Zweistromland und in die römische Provinz Syrien. Allerdings gab es außerhalb der Wüsten natürlich mehrere Straßen. So zweigte ein Teil der Händler nach Indien ab, einige zogen eher im Norden durch Turkmenistan, die anderen im Süden durch Iran.

Selbstverständlich lebte die Seidenstraße von stabilen politischen Verhältnissen: Am besten funktionierte sie in der Zeit der Mongolenherrschaft im 13. und 14. Jahrhundert. Doch auch danach fand über sie ein kontinuierlicher Austausch zwischen dem Vorderen Orient und China statt.

8. Wann beginnt die Moderne?

Das «moderne China» ist genauso ein Kampfbegriff des 20. Jahrhunderts wie die «modernen Chinawissenschaften». Ein «modernes China» setzt ein antiquiertes China voraus, weshalb im vergangenen Jahrhundert jede neue Generation

Chinas versucht hat, sich von der älteren abzusetzen, indem sie ihr eigenes Zeitalter als modern, das vorangegangene aber als einer jahrtausendealten, oft als verknöchert angesehenen Tradition verhaftet ausgab.

Mit einer wissenschaftlichen Definition von Moderne haben solche Aussagen nichts zu tun, und auch im Westen ist der Begriff umstritten. Eine maßgebliche Richtung ist der Auffassung, dass der Zeitpunkt, an dem ein Staat als modern anzusehen ist, dann gekommen ist, wenn die Eliten beginnen, nicht mehr das Wohl ihrer eigenen Großfamilien als oberstes Ziel anzusehen, sondern Staatsinteressen für übergeordnet zu halten. Naito Torajiro, ein japanischer Sinologe, stellte zu Beginn des 20. Jahrhunderts die These auf, dass dieser Zeitpunkt in China an der Wende von der Tang-Zeit (618–907) zur Song-Zeit (960–1280) anzusetzen ist, also etwa an der Schwelle vom 10. zum 11. Jahrhundert, lange bevor man im Westen von einer Moderne reden kann. Während nämlich die Politik der Tang, obwohl sie durchaus von Beamten umgesetzt wird, noch von mächtigen Adelsclans dominiert ist, scheint es manchen so, als seien die Beamten der Song von der Idee des Staates so weit domestiziert worden, dass sie nicht mehr gewagt hätten, Eigeninteressen zu verfolgen, sondern sich ganz in den Dienst ihres Herren stellen.

Ob dies zutreffend ist, wird in der Forschung weiter diskutiert. Indes ist eindeutig, dass die Wahrnehmung der chinesischen Elite in späteren Zeiten eine andere gewesen ist. Sie ging bis zum Ende der Kaiserzeit grundsätzlich davon aus, dass die chinesische Geschichte kontinuierlich verlaufen sei. Nach Auffassung der wichtigsten chinesischen Historiker hat sich China erst modernisiert, als in der ausgehenden Kaiserzeit die alten Glaubenssätze, von denen man meinte, sie seien ehern gewesen, plötzlich infrage gestellt werden konnten und damit das Interpretationsmonopol, das eine Gelehrtenschicht über geschichtliche und gesellschaftliche Zusammenhänge hatte, ins Wanken geriet. 1905 wurden die Beamtenprüfungen, bei denen für mehr als ein Jahrtausend konfuzianisches Wissen abgefragt worden war, das den Zugang zur Elite garantierte, abgeschafft. Neues, «modernes» Wissen war fortan gefragt. 1919 demonstrierten chinesische Intellektuelle dagegen, dass das alte Establishment noch immer den Ton angab. Die Kommunistische Partei verkündete selbstverständlich nach ihrem Machtantritt 1949 ein «neues China», doch als 1978 die Ära Deng Xiaoping begann und man die sogenannten «Vier Modernisierungen» (in Industrie, Landwirtschaft, Verteidigung sowie Wissenschaft und Technik) ausrief, galt die Phase zuvor wieder als zum alten, nicht modernen China gehörend. Noch ein weiteres Kriterium für Moderne bietet sich an: Erst um das Jahr 2000 sank in China die Anzahl der in der Landwirtschaft beschäftigten Menschen auf unter 50 Prozent.

9. War Marco Polo in China? Im 13. Jahrhundert überrannten die Mongolen innerhalb weniger Jahrzehnte die asiatische Landmasse. Sie gelangten im Westen bis nach Schlesien und Ungarn, im Osten unterwarfen sie China und Korea. In Europa nahm man diese Expansion mit gemischten Gefühlen auf: Einerseits schienen die Mongolen unbesiegbar. 1241 verwüsteten sie Buda und Pest in Ungarn und schlugen ein deutsch-polnisches Heer bei Liegnitz. Nur der Tod ihres Großkhans hielt sie davon ab, weiter nach Westen vorzurücken. Die Historiker der unterworfenen Völker berichten von unvorstellbaren Grausamkeiten, welche die Mongolen auf ihren Zügen begingen. Doch auf der anderen Seite öffnete ihre Vorherrschaft die Handelsrouten zwischen Ost und West. Die Pax Mongolica führte dazu, dass erstmals Gesandte aus Europa nach Zentralasien gelangen konnten. Nachdem päpstliche Abgesandte Mitte des 13. Jahrhunderts bis in die mongolische Hauptstadt Karakorum vorgedrungen waren, brachen in den sechziger Jahren desselben Jahrhunderts die venezianischen Händler Niccolò und Maffeo Polo zu einer weiten Handelsreise auf, die sie bis nach Peking führen sollte. 1271 zog Niccolò nochmals mit seinem Sohn Marco aus und bereiste mehrere Städte Chinas. Als Marco Polo 1295 nach Venedig zurückkehrte, geriet er in genuesische Gefangenschaft und schrieb im Gefängnis seine Erlebnisse auf. Das Buch wurde bald zu einem Publikumserfolg, es wurde in mehrere europäische Sprachen übersetzt und bildete bis zur Ankunft der Jesuiten im 16. Jahrhundert die Grundlage für die europäische Kenntnis von China.

Immer wieder ist Marco Polos Bericht allerdings angezweifelt worden, zuletzt von der englischen Autorin Frances Wood (und einigen Nachfolgern). Aus der Tatsache, dass Marco Polo einige für China besonders charakteristische Dinge wie den Tee, die gebundenen Füße der Frauen und die chinesische Mauer nicht erwähnt, schließt sie, er sei niemals in China gewesen. Vielmehr habe er seinen Bericht auf der Basis persischer und arabischer Darstellungen erfunden. Doch sind die Argumente für diese These nicht schlüssig. Die chinesische Mauer dürfte nämlich in der betreffenden Zeit nicht so beeindruckend gewesen sein wie nach ihrer Restaurierung unter den auf die Mongolen, die ja an ihr keinerlei Interesse hatten, folgenden Ming oder in der Gegenwart. Der Tee könnte einfach zu alltäglich gewesen sein und überdies wässriger geschmeckt haben, als das heutige Historiker annehmen, und die gebundenen Füße waren möglicherweise weit weniger verbreitet als unter späteren Dynastien. Auch das Argument, dass Marco Polo in chinesischen Quellen nicht erwähnt wird, ist denkbar ungeeignet: Nur ein winziger Bruchteil der Personen (In- und Ausländer), die damals in Kontakt mit dem Kaiser kamen, sind dort benannt, und es ist kaum denkbar, dass Marco Polo aus chinesisch-mongolischer Sicht bedeutend genug war, um Erwähnung zu finden. Zudem sollten geographische Fehler weniger ins Gewicht fallen, als manchmal angenommen: Sie sind leicht durch den großen zeitlichen Abstand zwischen Reise und Niederschrift zu erklären. Schließlich war die damalige Kartographie noch nicht so weit, dass man präzise Angaben von einem Kaufmann erwarten durfte. Insofern sollten kritische Stimmen gegenüber Marco Polo mit Vorsicht zur Kenntnis genommen werden.

10. War China vor Ankunft der Europäer ein abgeschlossenes Land?

Gerne wird kolportiert, erst die Kolonialmächte hätten das Reich der Mitte im 19. Jahrhundert unter Zwang für den Kontakt mit dem Ausland geöffnet, während es zuvor aufgrund der Politik der chinesischen Kaiser zumeist abgeschlossen war. Manche Autoren gehen gar so weit, zu behaupten, nie sei China so offen gewesen wie heute. Solche Aussagen sind ahistorisch und grundfalsch. Die Hauptstädte der frühen Dynastien Han (207 v. Chr.–220 n. Chr.), Tang (618–907) und Song (960–1280) waren kosmopolitische Metropolen, in denen, wie wir anhand von Literatur und Malerei wissen, Ausländer einen alltäglichen Anblick bildeten. Unter den Mongolen (1280–1368) war China ohnehin nur Teil eines Weltreiches, und die sogenannte Pax Mongolica sorgte für offene Handelswege. Sogar ein christlicher Bischof (Johannes von Montecorvino) lebte zu Beginn des 14. Jahrhunderts in Peking. Die Ming (1368–1644) unternahmen ausgedehnte maritime Erkundungsfahrten, die sie, wie zahlreiche Münz- und Porzellanfunde belegen, bis an die Gestade Afrikas führten. Diese Expeditionen wurden allerdings aufgrund der hohen Kosten, die die Flotten mit ihren riesigen Schiffen verursachten, und wegen eines zu geringen Ertrages eingestellt. Hintergedanke war offenbar auch, dass der Handel, der sich in Küstenregionen zu entwickeln begann, schwer zu kontrollieren war und dem Staat Steuerbürger zu entziehen drohte. Die Phase der Abschließung Chinas unter den Ming ist ein Gegenstand, der besonders in den 1980er Jahren, als man in der Volksrepublik begann, nach den Ursachen für Chinas «Rückständigkeit» zu forschen und sich auf die Suche nach «Keimen des Kapitalismus» in der chinesischen Vergangenheit zu machen, in fast mythologisierender Weise dargestellt wurde. Ein langes Fernsehepos mit dem Titel «Flusselegie» stellte damals die nach innen gewandte traditionelle Kultur, die mit der Farbe Gelb assoziiert wurde, einem kosmopolitischen blauen China gegenüber. Diese Darstellung hatte den Zweck, die Reform- und Öffnungspolitik Deng Xiaopings als einen Gezeitenwandel von historischer Einmaligkeit zu überhöhen. Darum mussten frühere, aber auch spätere Phasen der Offenheit (die es zum Beispiel zu Beginn des 20. Jahrhunderts gegeben hatte) verschwiegen werden. Westliche Chinaliebhaber lassen sich immer wieder durch solche Konstruktionen täuschen.

11. Wer legte die Grundlagen für unser Wissen über China?   Auch wenn der Reisebericht von Marco Polo in den zweihundert Jahren nach seinem Tod (1324) überaus populär war, setzt der Beginn einer systematischen Erarbeitung von Wissen über China doch erst im 16. Jahrhundert ein. Im Gefolge der portugiesischen und spanischen Entdecker Südostasiens kam der Jesuitenpater Franz Xaver schon 1542, nur zwei Jahre nach der Gründung des Jesuitenordens im Jahr 1540, nach Indien, von wo aus er 1549 Japan erreichte. Die dortige Mission gestaltete sich indessen trotz einiger Erfolge als schwierig. Deswegen entwickelte man eine Strategie der Anpassung an die Sitten im Land. Dennoch wurde das Christentum in Japan 1587 verboten und Ausländern der Zutritt ins Land verwehrt. So verlagerte sich die jesuitische Mission nach China, wo im Jahr 1582 Pater Matteo Ricci als erster einer großen Zahl vor allem deutscher, italienischer und französischer Missionare eintraf. Die Jesuiten hielten sich peinlich genau an die chinesischen Gepflogenheiten und gewannen besonders in Elitekreisen Anhänger und Freunde, nicht zuletzt weil sie westliche Errungenschaften in der Musik, der Malerei, Astronomie, aber auch im Uhrmacherhandwerk vermittelten. Noch heute sind in Peking die astronomischen Instrumente zu besichtigen, die der Kölner Jesuitenpater Adam Schall von Bell im 17. Jahrhundert den Kaisern der mandschurischen Qing-Dynastie (1644–1911) präsentierte – wenn sie auch nicht mehr an dem Ort stehen, an dem er sie ursprünglich aufgestellt hatte. Dominikanische und franziskanische Mönche waren indes über die Akkommodationsmethode besorgt, was schließlich zum allgemein so bezeichneten Ritenstreit führte, der nach einer für die Jesuiten negativen Entscheidung des Papstes 1742 die Mission stark einschränkte.

Für Europa sind die Jesuiten vor allem aufgrund ihrer zahlreichen Berichte wichtig, die sie in die Heimat schrieben. Darin priesen sie die Errungenschaften der chinesischen Zivilisation auf das Höchste. Für sie waren die Chinesen der verkommenen europäischen Gesellschaft überlegen. Diese Darstellungen inspirierten die ersten europäischen Werke über chinesische Geschichte, unter denen das 1667 erschienene Buch «China monumentis qua sacris qua profanis … illustrata» (China illustriert in seinen heiligen und weltlichen Denkmälern) des Jesuitenpaters Athanasius Kircher (1601–1680) besonders bahnbrechend war. Insbesondere aber erstellten die Jesuiten die ersten – wenn auch noch sehr unvollkommenen – Übersetzungen der ältesten chinesischen Schriften. Europäische Philosophen wie Leibniz, Voltaire oder Christian Wolff griffen die jesuitischen Vorgaben begierig auf. In ihren Werken nimmt China die Funktion eines Vorbilds ein. Die positive Konnotation Chinas in den Schriften europäischer Denker hörte erst zu Ende des 18. Jahrhunderts auf, als vor allem englische Kaufleute andere, negativer klingende Nachrichten nach Hause brachten. Aus dieser Zeit stammt das Wort vom Land des ewigen Stillstands, das Leopold von Ranke im Anschluss an die Philosophie Hegels und Herders für despotische Reiche wie China fand.

12. Warum sind die Opiumkriege auch heute noch so wichtig? Die vom Beginn des 17. Jahrhunderts an operierende englische East India Company hatte sich seit Ende des 18. Jahrhunderts mehrfach darum bemüht, mit China Handelsbeziehungen aufzunehmen, war mit diesem Ansinnen aber gescheitert. «Wir brauchen Eure Waren nicht», so hatte der chinesische Kaiser dem englischen Gesandten Lord McCartney 1793 auf dessen Bitten nach einem Freihandelsabkommen geantwortet. Leere Schiffe, die nach China fuhren, um dort Tee zu laden, waren ein Verlustgeschäft. Da kam man auf die Idee, das in

China als Arzneimittel seit langer Zeit bekannte Opium in großen Mengen aus Indien einzuführen. Es wurde zum Exportschlager. Als aber steigender Absatz zu einem wachsenden Geldabfluss aus China und gleichzeitig zu einer zunehmenden Anzahl von Süchtigen führte, ließ der 1838 nach Kanton entsandte Sonderkommandeur Lin Zexu (1785–1850) Opiumsüchtige verhaften, Ausländer internieren und über tausend Tonnen Opium beschlagnahmen und ins Meer spülen. Daraufhin schickte England eine Flotte, die den ersten Opiumkrieg eröffnete und mit ihrer waffentechnischen Überlegenheit die chinesische Verteidigung 1842 in die Knie zwang. Dieses Datum markiert den Beginn der sogenannten «Ungleichen Verträge», mit denen hauptsächlich europäische Mächte China dazu zwangen, ihnen Konzessionsgebiete zu überlassen und einzelne chinesische Städte für den Handel zu öffnen. 1842 wurde die Insel Hongkong an England abgetreten und Shanghai als eine von vier Städten für den ausländischen Einfluss freigegeben. Das Ereignis stellt den Beginn des Aufschwungs dieser zuvor weitgehend bedeutungslosen Städte dar. 1856–1860 kam es zu einem zweiten Opiumkrieg, in dessen Folge England und Frankreich die Öffnung weiterer Städte vor allem am unteren Yangzi bis nach Hankou (Teil des heutigen Wuhan in Zentralchina) erzwangen und ausländischen Mächten das Recht ertrotzten, in der bisher abgeschlossenen Stadt Peking Botschaften einzusetzen. Marodierende europäische Soldaten richteten in Peking verheerenden Schaden an. Unter anderem brandschatzten sie den Sommerpalast der Qing-Kaiser, der paradoxerweise mit jesuitischer Hilfe im europäischen Stil erbaut worden war.

Die ausländische Präsenz in China blieb allerdings gering. Den Sieg von 1842 hatte zum Beispiel ein Truppenkontingent von nicht mehr als 4000 Mann errungen. Für eine ernsthafte Kolonialisierung des Landes waren die Briten und Franzosen, später auch die Deutschen, viel zu schwach. China nahm andere Probleme, von denen es in dieser Zeit bedroht war, viel ernster als die ausländischen Händler aus Westeuropa – unter anderem kostete der Taiping-Aufstand, der zwischen 1851 und 1864 eine echte Gefahr für die Dynastie Qing darstellte, wohl bis zu 30 Millionen Menschen das Leben. Mit Russland hatte China eine tausende Kilometer lange Grenze, die immer schwerer zu sichern war. Die europäisch-amerikanische Forschung maß den im 19. Jahrhundert mit den eigenen Staaten in Verbindung stehenden Ereignissen mehr Bedeutung bei, als ihnen vermutlich zukommen sollte. Sie beginnt erst allmählich diese Auffassungen zu revidieren und zu konzedieren, dass die Opiumkriege möglicherweise weniger reale Bedeutung für das Leben des einzelnen Chinesen gehabt haben könnten, als man das jahrzehntelang dachte. Auch in der marxistischen Geschichtsschreibung Chinas hat die europäisch-amerikanische Geschichtsschreibung zum 19. Jahrhundert massive Spuren hinterlassen: Dort beginnt mit dem Jahr 1840 nämlich die Phase der «neueren Geschichte», der Übergang von der feudalen zur bürgerlich-kapitalistischen Gesellschaft. Gleichzeitig stehen die Opiumkriege im chinesischen Selbstverständnis am Anfang eines Jahrhunderts der nationalen Schmach.

13. Gegen welche Boxer zogen deutsche Soldaten 1900 zu Felde?

In dem für die Geschichte des Imperialismus besonders bedeutungs-
vollen Jahr 1898 sicherte sich auch das deutsche Kaiserreich extra-
territoriale Rechte in China, und zwar in der Provinz Shandong, in
Jiaozhou (alte Umschrift: Kiau-tschou), in der die Stadt Qingdao
(alte Umschrift: Tsingtao) gegründet wurde. Anlass für die Annexion
des später als Modellkolonie bekannten Qingdao gab 1897 die Er-
mordung zweier deutscher Missionare im Hinterland. Seit längerer
Zeit hatte es Feindseligkeiten gegen chinesische Christen gegeben,
vor allem weil die Annahme des Christentums auch Verbrechern die
Möglichkeit gab, sich der allgemeinen chinesischen Rechtsprechung
zu entziehen und Europäern zu unterstellen. Vermutlich aufgrund
mehrerer Naturkatastrophen, die Hungersnöte zur Folge hatten, bildeten sich zunächst in Shandong Gruppen, die daoistischen und
volksreligiösen Kulten anhingen. Diese gaben den Christen die
Schuld an den Katastrophen und begannen sie anzugreifen. Da sie
keine militärischen Verbände waren und kaum über Schusswaffen
verfügten, verließen sie sich auf traditionelle Kampfkünste, in deren
chinesischer Bezeichnung das Wort «Faust» (quan) häufig vorkommt
(wie im heute auch in Europa sehr beliebten Taiji quan). Der Glaube
an eine Unverwundbarkeit durch Beschwörungen und magische
Handlungen aller Art war bei den Kämpfern weit verbreitet. Dies
hielt viele Chinesen, die mit den Zielen der Kämpfer zwar sympathi-
sierten, ihren Aberglauben aber verabscheuten, davon ab, sich ihnen
anzuschließen.

Der Angriff auf deutsche Missionare führte dazu, dass Kaiser Wilhelm II. in Verhandlungen mit dem chinesischen Kaiser trat und ein
großes Territorium für 99 Jahre pachtete. Mehrere Pachtverträge mit
anderen ausländischen Nationen folgten, was die antieuropäische
Stimmung weiter aufheizte. Immer mehr Verbände von Kämpfern
schlossen sich zusammen, um gegen die Europäer vorzugehen. Sie
rückten nach Norden vor und drangen schließlich im Mai 1900 in
Peking ein. Da sie sich als kaisertreu auswiesen, nannten sie sich
selbst «In Gerechtigkeit vereinte Truppen» (Yihe tuan) – die europäische Bezeichnung «Boxer» hielten sie für eine Schmähung. Der
Qing-Hof, der die Bewegung lange Zeit bekämpft hatte, weil er diplomatische Schwierigkeiten befürchtete, begann seine Haltung zu ändern, obwohl auch die Bevölkerung Pekings unter den Kämpfern zu
leiden hatte. Es kam zum Angriff auf die etwa 450 Personen umfas-

sende ausländische Gemeinschaft der Stadt. Im Juni 1900 wurde der deutsche Gesandte Baron von Ketteler von mandschurischen Soldaten erschossen, nachdem bekannt geworden war, dass ausländische Truppen einige Tage zuvor die Dagu-Forts bei der Hafenstadt Tianjin erstürmt hatten. Auch Kaiser Wilhelm II. rüstete nun ein Expeditionskorps aus, vor dem er im Juli 1900 seine berühmte Hunnenrede hielt, in der er unter anderem sagte: «Pardon wird nicht gegeben, Gefangene nicht gemacht. Wer euch in die Hände fällt, sei in eurer Hand. Wie vor tausend Jahren die Hunnen unter ihrem König Etzel sich einen Namen gemacht, der sie noch jetzt in der Überlieferung gewaltig erscheinen lässt, so möge der Name Deutschlands in China in einer solchen Weise bekannt werden, dass niemals wieder ein Chinese es wagt, etwa einen Deutschen auch nur scheel anzusehen!»

Der Erstürmung Pekings im August ging eine Reihe von Greueltaten ausländischer Soldaten an der chinesischen Bevölkerung voraus. Sie zog eine dreitägige Plünderung der Stadt nach sich, die viele Chinesen an den zuvor so bewunderten zivilisatorischen Errungenschaften der Europäer zweifeln ließ. Schlimmer als die Plünderungen aber waren die Reparationszahlungen, welche die Ausländer dem chinesischen Reich im sogenannten Boxerprotokoll aufzwangen. Die daraus resultierenden Schulden fraßen über mehrere Jahrzehnte einen großen Teil der Steuereinnahmen auf, so dass Geld für die Modernisierung des Landes fehlte. Erst 1942 wurde dieser «ungleiche Vertrag» aufgehoben. Bis heute zählt der Boxeraufstand deshalb zu den schlimmsten chinesischen Kolonialerfahrungen, die Europäern in China vorgehalten werden.

14. Wo fand die erste Revolution des 20. Jahrhunderts statt? Die erste große Revolution des 20. Jahrhunderts war nicht etwa die russische Revolution von 1917, sondern die chinesische von 1911/1912. Seit dem Ende des 19. Jahrhunderts war vor allem unter den Intellektuellen des Landes eine Bewegung gewachsen, die sich zunächst gegen institutionelle Schwächen des späten Kaiserreiches wandte, dann aber zunehmend einen nationalchinesischen Protest gegen die mandschurische Fremdherrschaft formulierte. Sun Yat-sen, ein Arzt aus der südchinesischen Provinz Guangdong, organisierte, nachdem 1895 ein erster in seiner Heimat geplanter Volksaufstand fehlgeschlagen war, auf ausgedehnten Reisen durch Europa und Amerika Gelder. Zögernd reagierte die Qing-Dynastie auf die Übel, welche die angespannte Stimmung im Reich verursachten. 1905 schaffte sie das alte Prüfungssystem ab, nach dem Beamtenanwärter Kenntnisse in den alten Schriften der chinesischen Tradition hatten vorweisen müssen, nicht aber technische und fremdsprachliche Fähigkeiten, mit denen man im Wettstreit mit den aufstrebenden Nationen des Westens bestehen konnte. Doch auch mit diesem Schritt, der für die chinesische Gesellschaft radikalere Auswirkungen gehabt haben dürfte als die Revolution selbst, war der Verfall der Dynastie nicht mehr aufzuhalten. Als am 10. Oktober 1911 die Armeen in Wuchang, einem Teil des heutigen Wuhan am Yangzi, revoltierten, breitete sich der Aufstand rasch aus. Nachdem der vom Kaiserhof zu Hilfe gerufene General Yuan Shikai, der 1908 verbannt worden war, sich auf die Seite der Aufständischen geschlagen hatte, fiel die Dynastie. Am 1. Januar 1912 rief Sun Yat-sen die Republik aus, verzichtete aber, um einen Bürgerkrieg zwischen kaisertreuen und republikanischen Truppen zu vermeiden, zugunsten Yuan Shikais auf die Präsidentschaft. Schnell kam es zum Konflikt zwischen Yuan, der 1915 vergeblich versuchen sollte, selbst Kaiser einer konstitutionellen Monarchie zu werden, und Sun Yat-sen. Sun musste ins Exil nach Japan gehen. Erst nach dem Tod Yuan Shikais 1916 kehrte er im Jahr 1917 nach China zurück, wo er sich im Süden 1921 zum Präsidenten der nationalchinesischen Regierung ausrufen ließ. In Nordchina jedoch herrschten Warlords, die nach Belieben selbst Ministerpräsidenten aufstellten. Sun Yat-sen proklamierte die drei Volksprinzipien, die bis heute Grundlage der Verfassung der Republik China auf Taiwan sind: Die «Nationale Grundlehre», die «Lehre von den Rechten des Volkes» und die im Sozialismus wurzelnde, aber dennoch von ihm abweichende «Lehre von der Lebenshaltung des Volkes». Bis zu seinem Tod 1925 gelang es Sun Yat-sen jedoch nicht, seine Ideen auch in Nordchina durchzusetzen.

15. Woher kommt die Redensart «alte Zöpfe abschneiden»? Nach dem mandschurischen Sieg über die Truppen der Ming-Dynastie hatte der Regent Dorgon im Jahr 1645 angeordnet, dass alle Chinesen sich die Stirn ausrasieren und einen Zopf tragen müssten. Wer sich diesem Gesetz nicht fügte, wurde mit der Todesstrafe belegt. Ziel der Maßnahme war es, die Chinesen dazu zu zwingen, auch optisch ihre Unterwerfung unter die Mandschuren zu demonstrieren, war doch bei diesen der Zopf schon seit längerer Zeit Bestandteil der

Haartracht. Europäische Reiseberichte aus dem 19. Jahrhundert zeugen davon, dass große Teile der chinesischen Bevölkerung den Zopf allmählich akzeptierten und sogar schön fanden. Dennoch scheint unterschwellig ein Ressentiment geblieben zu sein. Als es um die Mitte des 19. Jahrhunderts zum Taiping-Aufstand kam, lautete eine der Forderungen der Anführer, dass die Chinesen wieder zur alten Han-Tracht zurückkehren sollten. Der Aufstand wurde blutig niedergeschlagen, doch die Idee der Chinesen ohne Zöpfe blieb. Daher war eine der ersten Maßnahmen der neuen Regierung nach der Revolution 1911 ein Befehl, dass alle Bewohner des Reiches, Chinesen wie Mandschuren, ihre Zöpfe abzuschneiden hätten. Von diesem Moment an stand der Zopf für das alte Regime, und wer ihn noch trug – was durchaus vorkam –, bekannte sich damit zum Kaiserreich.

16. Warum demonstrierten junge Intellektuelle am 4. Mai 1919?

Der Plan Yuan Shikais, sich zum Kaiser ausrufen zu lassen, zeigte der intellektuellen Elite Chinas, dass eine politische Revolution nicht zwangsläufig auch in den Köpfen der Menschen etwas ändert. Unzufriedenheit mit den Zuständen im Lande, die in ihren Augen nach wie vor von altem Denken bestimmt waren, ließen sie zu der Schlussfolgerung gelangen, dass noch radikalere Mittel notwendig sein würden, um China ernsthaft zu modernisieren. Gleichzeitig führten der Ausbruch des Ersten Weltkrieges und die barbarischen Mittel, die dabei zur Anwendung kamen, nachdrücklich vor Augen, dass ein blindes Nacheifern der westlichen Zivilisation das Heilmittel nicht sein konnte. Seit etwa 1915 entstanden in kurzen Abständen immer neue Zeitschriften, von denen die vielleicht wichtigste den Titel «Neue Jugend» trug. Darin äußerte sich eine Literaturbewegung, die soziale und politische Probleme des Landes aufgriff und in zum Teil radikaler Weise diskutierte. Unter anderem war die «Neue Jugend» ein Organ, in dem sich die Anhänger einer «modernen Umgangssprache» kraftvoll Bahn brachen. Die Intellektuellen, die fast ausnahmslos hochstehenden Familien entstammten und noch ganz traditionell ausgebildet waren, beklagten als Grundübel, dass anspruchsvolle Literatur bis zu diesem Zeitpunkt nur in der klassischen Hochsprache formuliert werden durfte, während schriftliche Äußerungen, die sich der Umgangssprache anpassten, literarisch nicht ernst genommen wurden. Dieser Missstand, der dafür verantwortlich sei, dass das Volk von den Segnungen moderner Kultur ausgeschlossen blieb, müsse beseitigt werden. Man erfand also – zumindest nach eigenem Verständnis – eine neue Schriftsprache. In Wahrheit knüpfte diese natürlich an ältere Vorbilder an: In den Romanen, die schon seit mehreren Jahrhunderten in großer Zahl verfasst worden waren, fanden sich bereits viele Elemente dieser neuen Schriftsprache.

Unter den zahllosen Ungereimtheiten, die der Versailler Vertrag enthielt, fand sich auch ein Passus, demzufolge die Alliierten die deutschen Pachtgebiete nicht an China zurückgaben, sondern Japan zugestanden. Vor allem bei England und Frankreich stand hinter dieser auf den ersten Blick unverständlichen Entscheidung die Angst, dass eine Rückgabe der deutschen Gebiete Konsequenzen für die eigenen Kolonien haben könnte. Die schwache Nationalregierung in Peking akzeptierte dieses Verdikt. Doch eine zahlenmäßig nicht allzu große Gruppe von Intellektuellen erzwang am 4. Mai 1919 mit einem Protestmarsch, dass die Regierung ihre Zustimmung zurückzog. Dieser Erfolg gab den radikaleren Kräften unter ihnen starken Auftrieb. Sie fühlten sich in ihrer Ansicht bestätigt, dass nur ein energischer Kampf gegen die alte Tradition, in der sie unter anderem den Grund für die schwächliche Reaktion der chinesischen Regierung sahen, zu einem Erstarken des Landes führen würde. Das Jahrzehnt nach diesem Ereignis ist gekennzeichnet von ikonoklastischen Angriffen auf den Konfuzianismus und alles, was als traditionell und unmodern galt. Bis heute ist die Rhetorik der Vierte-Mai-Bewegung nicht obsolet: Wann immer gesellschaftliche Missstände angeprangert werden sollen, bietet es sich an, die «5000 Jahre alte konfuzianische Tradition» dafür verantwortlich zu machen – auch wenn Wissenschaftlern vollkommen klar ist, dass es sich eigentlich um Zustände handelt, die sich erst vor wenigen Jahrhunderten entwickelt haben oder die sogar noch später entstanden sind. 1921 wurde die Kommunistische Partei Chinas gegründet – von Anhängern der Neuen Literaturbewegung, die die Vierte-Mai-Bewegung anführten. Aus diesem Grund ist das Jahr 1919 für die chinesische Geschichtsschreibung eine ähnliche Wasserscheide wie das Jahr 1840: Mit ihm beginnt eine neue Zeitrechnung, die «moderne» Geschichte Chinas.

17. Was verabscheuen viele Chinesen an Mao Zedong?

Natürlich war Mao Zedong ein skrupelloser Machtpolitiker, dem seine eigene Stellung über das Wohl der Partei ging. Schon der Lange Marsch, auf dem Mao seine Getreuen 1933/34 ins nordchinesische Yan'an führte, konnte nur deshalb zum Erfolg werden, weil er keinerlei Rücksicht auf seine Anhänger nahm. Der Tod zehntausender Gefolgsleute bedeutete ihm offenbar nichts. Nachdem die kommunistischen Machthaber ihre ersten Jahre nach 1949 behutsam angegangen waren, wurde danach zuerst eine von einer brutalen Kampagne gegen Großgrundbesitzer begleitete Landreform durchgeführt. «Der Erste Kaiser von China hat vierhundert Konfuzianer umgebracht, ich habe vier Millionen Konfuzianer umgebracht», brüstete sich Mao später. Landbesitzer waren für ihn nämlich die Repräsentanten der traditionellen Kultur und damit Konfuzianer. Die zweite Hälfte der 1950er Jahre war gekennzeichnet von politischen Kampagnen. Berüchtigt ist der an ein Diktum einer Kaiserin der Tang-Zeit angelehnte Ruf «Lasst hundert Blumen blühen» aus dem Jahr 1957, mit dem die Elite des Landes aufgefordert wurde, ihre Meinung frei zu äußern und Vorschläge für die Entwicklung Chinas zu machen. Doch als zuviel Kritik laut wurde, wurden die Wortführer, die sich aus der Deckung gewagt hatten, beseitigt. Der 1958 begonnene, aber schlecht organisierte sogenannte «Große Sprung nach vorn» endete mit einer Hungersnot von gigantischen Ausmaßen, die wahrscheinlich zwanzig Millionen Menschen das Leben kostete. Mao und seine Berater hatten die «Volkshochofenkampagne» entfacht und die schon damals für ein Land, das sich entwickeln wollte, zu zahlreiche Landbevölkerung dazu angeregt, ihr Werkzeug einzuschmelzen und zu Stahlerzeugern zu werden.

Bis heute wird dieses Desaster in der chinesischen Geschichtsschreibung kaum erwähnt. Mao verlor das Amt des Staatspräsidenten und behielt nur den Parteivorsitz. Doch seine Fraktion in der Partei blieb stark. Er wartete auf eine Gelegenheit, um die Führung des Landes zurückzuerobern. 1966 war es so weit: Der Historiker und stellvertretende Bürgermeister von Peking, Wu Han, hatte ein Theaterstück verfasst, in dem es um die Entlassung eines loyalen Beamten durch einen Kaiser der Dynastie Ming geht. Dieses Drama wurde sofort als direkte Kritik an Mao Zedong aufgefasst. Unter Wissenschaftlern mag dies heute umstritten sein – unwahrscheinlich ist es nicht, da der historische Analogieschluss sich in China schon immer großer Beliebtheit erfreute. Überdies hatte sich Mao schon lange gerne als Nachfolger des wie er selbst aus bäuerlichem Stande stammenden und durch Bauernaufstände an die Macht gelangten

Gründers der Ming gesehen, so dass nichts näher lag, als ihn damit zu treffen, dass man in literarischer Form den Fehltritt eines anderen Ming-Kaisers kritisierte. In den Parteimedien begann alsbald ein Gegenschlag, der dazu führte, dass Wu Han entlassen wurde. Dies löste einen Dominoeffekt aus, bei dem schnell die gesamte Staatsführung kippte. Mao konnte seine eigenen Getreuen in die höchsten Ämter einsetzen. Gestützt auf die ihm aus Kriegstagen loyale Armee, aber auch auf in Gardeuniformen gesteckte junge Schüler, die ihre Lehrer und Vorgesetzten angreifen durften, entfesselte er die «Große Kulturrevolution». Schon nach recht kurzer Zeit, als die Zustände zu chaotisch wurden, pfiff man die Garden zurück und schickte sie aufs Land: «Hinab in die Dörfer, hinauf in die Berge», lautete die Losung. Unter dem Vorwand, dass Intellektuelle das Landleben kennenlernen müssten, um zu verstehen, wie das einfache Volk lebte, entsandte Mao große Teile der städtischen Jugend, deren bloße Herkunft sie verdächtig machte, ebenfalls aufs Land. Zum Teil lagen die Verschickungsorte nicht weit von zu Hause, zum Teil aber wurden die Jugendlichen und Intellektuellen auch in entlegenste Gegenden verbracht. Ziel war nicht nur, den Städtern das Landleben nahezubringen, sondern auch, das in zahlreiche Lokalkulturen zersplitterte Land zu vereinheitlichen: eine einheitliche, multikulturelle Gesellschaft zu schaffen, in der es möglichst wenig völlig selbstständige Enklaven gab. Die Städter hatten also auch eine zivilisatorische Aufgabe.

Durchaus nicht alle Chinesen, die diese Erfahrung mitmachen mussten, sind heute deshalb gegen Mao eingestellt. Nicht selten hört der Besucher, dass die Kampagne auch ihre guten Seiten gehabt habe. Doch gibt es eine große Zahl von chinesischen Intellektuellen, die in jenen Jahren als vermeintliche oder echte Anhänger der 1966 von Mao beseitigten Staatsführung unvorstellbar gelitten haben. Obwohl viele von ihnen rehabilitiert wurden, hat es nie eine echte Bewältigung dieser Vergangenheit gegeben, bei der die Verantwortlichen, die zum Teil viele Menschenleben auf dem Gewissen hatten und haben, zur Rechenschaft gezogen worden wären. Daher finden wir in China heute einen nicht ausgefochtenen Gegensatz zwischen Opfern auf der einen Seite und Mitläufern und Nutznießern der Kulturrevolution auf der anderen Seite, der oftmals mit unerbittlicher Feindschaft und nagendem Hass verbunden ist.

18. Woher rührt die Begeisterung für Mao Zedong? Mao Zedong stammte aus einer Familie in Hunan. Diese Provinz im Süden Chinas hatte während der Zeit der Dynastie Qing wirtschaftlich eines der wichtigsten Zentren des Landes gebildet, und auch die Familie Mao war nicht arm. Dennoch ist die bäuerliche Herkunft, die von der Kommunistischen Partei erheblich zelebriert worden ist, ein Faktor, der Mao im Volk populär gemacht hat. Mao lernte zwar einiges über moderne westliche Literatur und Philosophie, doch erhielt er zunächst eine traditionell chinesische Ausbildung, und in all seinen späteren schriftlichen Äußerungen ist der Einfluss chinesischer Denker und populärer Romanliteratur in hohem Maße präsent. Obwohl er natürlich marxistisch geschult war, scheint ihm die altchinesische Art zu denken immer näher geblieben zu sein als die Werke von Marx und Engels – für diese waren seine Chefideologen da. In den chinesischen Buchläden steht heute, neben zahlreichen anderen Mao-Publikationen, eine monumentale Ausgabe seiner handschriftlichen Notizen zu den über einen Zeitraum von etwa zweitausend Jahren in klassischem Chinesisch abgefassten 24 Dynastiegeschichten. Mao schrieb zahlreiche Gedichte, und zwar grundsätzlich in traditionell chinesischer Form. Man kann über ihre Qualität geteilter Meinung sein, doch ist es eine Tatsache, dass sie gerne gekauft und von vielen Chinesen als schön angesehen werden.

Den Sieg gegen die Japaner 1945 konnte sich Mao noch nicht allein ans Revers heften. Als aber 1949 die Kommunistische Partei unter seiner Führung an die Macht kam, wurden die Ausländer, die zuvor viele Vorrechte genossen hatten, durch sanften Druck oder direkten Zwang dazu gebracht, das Land zu verlassen. Das Gefühl der Befreiung von einer Demütigung, die daher gerührt hatte, dass Chinesen in vielen Lebensbereichen Ausländern gegenüber zurückgesetzt worden waren, brach sich nun Bahn. So groß war die Begeisterung über den Sieg Maos und die Tatsache, dass er das nationale Selbstbewusstsein pflegte, dass viele Chinesen aus Ländern Südostasiens in ihre Heimat zurückkehrten, um beim Aufbau mitzuhelfen, obwohl ihre Familien das Land zum Teil schon vor Generationen verlassen hatten und sie Unternehmer waren, denen die kommunistische Ideologie nichts bedeutete. Diese Rückkehrwelle hatte natürlich auch damit zu tun, dass die Chinesen in den meisten Ländern Südostasiens mit Argwohn betrachtet wurden: Man bezeichnete sie aufgrund ihres Erfolges in der Geldwirtschaft hinter vorgehaltener Hand als die Juden Asiens. Ausschlaggebend aber war, dass Mao den Chinesen das Gefühl gab, mit ihrer Lebensart auf einer Stufe mit den ersten Nationen dieser Welt zu stehen.

Auch den ins Land geströmten russischen Beratern warf Mao bald Hegemonialansprüche vor und betonte, dass China seinen eigenen Weg gehen müsste. Bis heute gilt das Schlagwort vom Sozialismus chinesischer Prägung – bei einfachen wie intellektuellen Chinesen kam diese Betonung der nationalen Eigenständigkeit gut an. Mao ist ein Mythos. Obwohl China, auch was ihn angeht, heute um viele Erfahrungen reicher ist, wird er von manchen fast wie ein Gott verehrt, und sein Bild hängt wie ein «Schutzengel» an den Rückspiegeln chinesischer Taxifahrer. Wenn Jung Chang und John Halliday Mao in ihrer jüngst erschienenen Biographie als menschenschlachtendes Ungeheuer darstellen, dann legen sie damit eine erschreckende Missachtung der nachvollziehbaren Gründe für seine Popularität an den Tag. Die Formel der Kommunistischen Partei, dass Maos Werk zu siebzig Prozent als gut und zu dreißig Prozent als schlecht zu bewerten ist, findet in China einige Akzeptanz.

19. Warum gibt es immer wieder antijapanische Aktionen?

Unter allen Demütigungen, die China zwischen 1840 und 1949 zu erleiden hatte, wird diejenige, die das Land durch Japan erfuhr, als die schwerwiegendste empfunden. Der vom Westen ausgehende Kolonialismus hatte immer nur einzelne Punkte des Staatsgebietes betroffen. Zwar hatte China im 19. Jahrhundert einsehen müssen, dass es nicht mehr die Führungsmacht der Welt war, als die es sich zuvor lange Zeit (wenn auch durchaus nicht immer in seiner Geschichte) verstanden hatte. Doch stellten die Europäer und Amerikaner keine echte Bedrohung seiner territorialen Integrität dar. Anders verhielt sich dies im Falle Japans. Dieses hatte der Qing-Dynastie 1895 eine schmerzhafte Niederlage zugefügt, sich die Vorherrschaft im zuvor an China angelehnten Korea gesichert und dieses dann genauso wie das ebenfalls früher eher lose mit dem Festland verbundene Taiwan zur Kolonie gemacht. Aufgrund der numerischen Schwäche war keine andere ausländische Macht in der Lage, in China so aufzutreten, wie dies vor allem Engländer und Franzosen in anderen Kolonien – vornehmlich im Vorderen Orient – taten: eigene Verwaltungen aufzubauen, die eigene Sprache als Standard durchzusetzen und die Landessprache in den Schulen sogar zu verbieten. Genau dieses Verhalten aber ahmte

Japan in China nach. Es erklärte die Mandschurei, ebenfalls ein Gebiet, das zuvor nicht eindeutig chinesisch gewesen war, zur Interessensphäre und errichtete dort dann einen eigenständigen Staat mit einer entsprechenden Verwaltung und baute Eisenbahnen. So hatte China plötzlich auf dem asiatischen Festland einen überlegenen Nachbarn, der in allen Dingen erfolgreicher zu agieren schien.

1937 griff Japan China an und besetzte binnen kurzem weite Landstriche, ohne dass es nennenswerten Widerstand gegeben hätte. Auch wenn dies heute nirgendwo mehr zu lesen ist, war ganz analog zum Blitzkrieg der Deutschen in den europäischen Nachbarländern Frankreich, Belgien, Holland und Dänemark die Zahl der chinesischen Kollaborateure hoch. Offenbar traute man den Japanern eher zu, China zu modernisieren, als den eigenen Regierungen. Doch wie in Europa die Deutschen, so verspielten auch die Japaner in Ostasien viel von dem Kredit durch übermäßig brutales Auftreten. Ein Symbol für diese Brutalität ist das Massaker, das japanische Soldaten 1937 in der Stadt Nanjing verübten und in dessen Verlauf eine ungeklärt hohe Anzahl von Soldaten und Zivilisten umkam. Das genaue Ausmaß wird niemals zu ermitteln sein – die Zahl von 300 000 Toten, die unter anderem von der amerikanischen Journalistin Iris Chang behauptet wird, ist, wie wissenschaftliche Studien eindeutig belegen, viel zu hoch. Einzelne japanische Nationalisten streiten das Massaker sogar ganz ab. Letztlich kommt es auf die Dimension der Ereignisse in Nanjing nicht an, denn dass die japanische Armee in China Verbrechen begangen hat, ist nicht zu bestreiten. Dennoch nimmt die heutige Berichterstattung diesbezüglich oft Züge an, die fast als mythologisch zu bezeichnen sind.

Bemerkenswert ist allerdings – und dies ist erneut eine Parallele zu Europa –, dass über diese Dinge in China viel weniger gesprochen wurde, solange man das Elend vor Augen hatte, das nach den Verwüstungen sämtlicher Großstädte am Ende des Krieges in Japan herrschte. Erst nachdem Japan sich zur wirtschaftlichen Großmacht aufgeschwungen hatte, um die Wende von den 1970er zu den 1980er Jahren, begann das Thema an Bedeutung zu gewinnen. Seitdem ist es sowohl von Seiten der chinesischen Politik als auch aus der Bevölkerung heraus immer wieder zu massiven Angriffen auf den östlichen Nachbarn gekommen. Mit rhetorischen Attacken, die an die Vergangenheit erinnern, ist nicht selten der Versuch verbunden, auf wirtschaftlicher Ebene Zugeständnisse zu erlangen. Obwohl sich mehrere japanische Politiker für die Taten ihrer Armee in China entschuldigt haben, wird immer wieder behauptet, eine echte, von Herzen kommende Entschuldigung, wie sie Willy Brandt in Polen leistete, stehe noch aus. Merkwürdigerweise scheint die Tonlage umso schärfer zu werden, je jünger und unerfahrener die Chinesen sind, die sie anschlagen. Neben der Tatsache, dass nach dem Krieg die politischen Verhältnisse eine Auseinandersetzung mit der Vergangenheit verhinderten, dürfte der Grund für das späte Einsetzen dieser Vergangenheitsbewältigung auch darin liegen, dass sich China heute mehr und mehr als Konkurrent Japans im Kampf um die Vormacht in Asien sieht.

Politik

20. Wie sieht das politische System aus? Die Volksrepublik China hat sich 1949 das System des demokratischen Zentralismus nach sowjetischem Vorbild gegeben, das auch heute noch weitgehend unverändert besteht. Es beruht auf einem Dualismus von Kommunistischer Partei und Staatsapparat, bei dem die Partei aber die Führungsrolle innehat. Beide Teile dieses Dualismus sind hierarchisch strukturiert. So steht an der Spitze der Kommunistischen Partei ihr Generalsekretär, der das Politbüro und seinen ständigen Ausschuss als höchstes Parteigremium leitet. Unter ihm stehen die Sekretäre der Provinzorganisationen der Partei, darunter die Sekretäre der lokalen Distrikte. Das System verlängert sich bis hinab zu den einzelnen Kommunen. Auch in jedem staatlichen Unternehmen gibt es einen Parteisekretär, der die Geschäftsführung berät. Die Partei hatte 2007 etwa siebzig Millionen Mitglieder.

Das legislative Organ des Staatsapparates ist der Nationale Volkskongress, der von einem Vorsitzenden angeführt wird. Wichtiger ist jedoch die Position des Ministerpräsidenten, der dem Staatsrat vorsteht, der sich wiederum aus den Ministern und Vorsitzenden einzelner Kommissionen zusammensetzt. Der Staatsrat entspricht der Exekutive und bildet die eigentliche Regierung. Auch einen Staatspräsidenten (bzw. bis 1993 einige entsprechende Vorläuferämter) hat die Volksrepublik China. Nicht selten wird dieses politisch weniger bedeutsame Amt in Personalunion von den Generalsekretären der Partei ausgeübt. Unter den Kommissionen ist die wohl wichtigste die zentrale Militärkommission, deren Vorsitz Deng Xiaoping lange Zeit innehatte und die ihm die Macht sicherte, obwohl die der Hierarchie nach de jure höheren Ämter des Generalsekretärs der Partei und des Ministerpräsidenten von anderen Personen ausgeübt wurden. Natürlich sind alle wichtigen Staatsämter von hochrangigen Parteimitgliedern besetzt, so dass deren Führungsanspruch unangetastet bleibt. Jedes maßgebende Amt ist mit einer großzügigen Anzahl von Stellvertretern ausgestattet, die manchmal bedeutender sein können als der Amtsinhaber selbst. Im Regelfall allerdings sind sie für verschiedene Ressorts zuständig und unterstehen seiner Weisung.

21. Wird es bald Demokratie geben?

Seit 1989 die Staaten des Ostblocks den Pfad des Sozialismus verlassen haben, wird immer wieder gefragt, wann die letzten kommunistischen Dinosaurier demokratisch werden: die Volksrepublik China, Kuba und Nordkorea. Die Frage ist von vornherein falsch gestellt, verstehen sich doch selbstverständlich all diese Länder als demokratisch. China trägt das Wort «Volksrepublik» in seinem Namen und beharrt wie alle sozialistischen Staaten darauf, dass die Macht vom Volke ausgehe, was der Definition nach «Demokratie» bedeutet.

Gemeint ist mit der Frage nach der Demokratie natürlich, ob und wann es in China freie Wahlen des Parlaments geben wird. Eine von Politologen aufgestellte Theorie besagt, dass wachsender Wohlstand der Bevölkerung zwangsläufig über kurz oder lang zur Bildung von Interessengruppen führt, die auf die Politik in ihrem Sinne Einfluss nehmen wollen. Wahlen auf der Bezirksebene, bei denen sich schon seit mehr als zehn Jahren Kandidaten durchgesetzt haben, die nicht der Kommunistischen Partei angehören, scheinen diese These ebenso zu bestätigen wie die Tatsache, dass besonders umstrittene Regierungsvorlagen im Nationalen Volkskongress schon einmal mit mehr als dreißig Prozent Neinstimmen bedacht worden sind. Auf der anderen Seite aber ist festzustellen, dass die Kommunistische Partei bisher keinerlei Anstalten macht, die Liberalisierung auf diesem Gebiet weiterzutreiben – und damit erstaunlich erfolgreich ist. Parteimitglied zu sein ist in China kein Makel. Im Gegenteil, die Kommunistische Partei kann sich des Ansturms der Bewerber um einen Ausweis kaum erwehren. Ihre mittlerweile über siebzig Millionen Mitglieder

sind zum Teil beigetreten, weil sie sich Aufstiegschancen erhofften, zum Teil sind sie aber auch ehrlich davon überzeugt, dass sie mit ihrer Mitgliedschaft dem Land helfen.

Zu Beginn der 1990er Jahre sah die Sache noch ganz anders aus: Damals gab es eine echte Sehnsucht nach Veränderungen des Systems. Der wirtschaftliche Erfolg des Landes in den letzten Jahren ist der Hauptgrund dafür, warum es sich gegenwärtig anders verhält. Geschickt hat die chinesische Führung es verstanden, ihrer Bevölkerung zu zeigen, wie das von amerikanischen Beratern tatkräftig unterstützte Experiment mit der Demokratie im sozialistischen Nachbarland Russland gescheitert ist. Jeder Taxifahrer erzählt dem des Chinesischen kundigen Besucher heute, der dortige Versuch, die politische Liberalisierung vor der wirtschaftlichen durchzuführen, habe maßgebliche Teile der russischen Wirtschaft ruiniert. Solange es ökonomisch bergauf geht, hat die Kommunistische Partei Chinas von ihren Bürgern sicherlich nichts zu befürchten, die politische Partizipation ist kein Thema, mit dem man im Augenblick die Massen zu einer Revolution anstacheln könnte. Allerdings ist die Strategie, Legitimation allein aus dem wirtschaftlichen Erfolg zu beziehen, nicht ungefährlich. Daher kann man wohl davon ausgehen, dass die Partei künftig versuchen wird, zusätzliche Entscheidungsträger bei wichtigen Projekten in die Meinungsfindung einzubeziehen. Ob freilich die parlamentarische Demokratie nach westlichem Vorbild das einzige Zukunftsmodell für China ist, darf bezweifelt werden.

22. Was wollten die Studenten 1989 auf dem Platz des Himmlischen Friedens? Am 15. April 1989 starb Hu Yaobang, der 1987 als Generalsekretär der Kommunistischen Partei entlassen worden war. Kurz nachdem die Nachricht bekannt geworden war, versammelten sich Studenten auf dem Platz am Tor des Himmlischen Friedens (Tian'an men) in Peking, um öffentlich ihre Trauer zu bekunden. Aus dieser Kundgebung erwuchs eine Massenprotestbewegung, die am 4. Juni 1989 gewaltsam beendet wurde. Eine große, bis heute aber ungeklärte Zahl von Menschen kam ums Leben. Die Schlagworte, die auf den Plakaten der Demonstranten standen, waren «Freiheit» und «Demokratie». Doch waren viele der beteiligten Studenten so jung, dass sie Schwierigkeiten hatten, zu definieren, was genau sie damit forderten. Im Verlauf der Demonstrationen indes wurde klar, dass ein wichtiger Bestandteil die Pressefreiheit sein musste. Die chinesischen Zeitungen berichteten von den Vorfällen nämlich nichts.

Hu Yaobang war ein alter Gefolgsmann von Deng Xiaoping, der 1979 die Macht übernommen hatte, ohne aber die höchsten Ämter im Staat oder in der Partei selbst anzustreben. Nach dem endgültigen Sturz von Hua Guofeng, der seit dem Tod Mao Zedongs und Zhou Enlais 1976 sowohl Generalsekretär der Partei als auch Ministerpräsident gewesen war, ließ Deng seine Zöglinge Hu Yaobang und Zhao Ziyang das Amt des Generalsekretärs und das des Ministerpräsidenten übernehmen. Beide Namen standen für den Reform- und Öffnungskurs, der 1979 seinen Anfang nahm. Dabei hatten sich Hu und Zhao harter Konkurrenz des linken Flügels der Partei zu erwehren. Als nach großen anfänglichen Erfolgen Planungsfehler augenfällig wurden, die 1986 zum Beginn einer Phase galoppierender Inflation führten, begannen die Widersprüche zwischen der Bevölkerung und der Partei aufzubrechen. Im Dezember 1986 kam es zu Massendemonstrationen in mehreren großen Städten, vor allem in Shanghai. Obwohl auch hier Rufe nach Freiheit und Demokratie erklangen, waren die Auslöser dieser Bewegung die sich – subjektiv – verschlechternden Lebensbedingungen. Hu Yaobang musste als Regierungsverantwortlicher abtreten. Damit konnte die Fraktion der Modernisierungsgegner einen Erfolg verbuchen. Trauer um Hu Yaobang war 1989 deshalb zunächst mit einem öffentlichen Bekenntnis zum innerhalb der Partei hart umkämpften Reformkurs gleichzusetzen. Durch die ausbleibende Reaktion der politischen Führung wurden jedoch schnell viel radikalere Forderungen nach stärkerer Partizipation des Volkes bei politischen Entscheidungsprozessen und nach parlamentarischer Demokratie erhoben.

23. Was denkt man in China heute über das Massaker auf dem Platz des Himmlischen Friedens?

Die Bilder des Massakers auf dem Platz des Himmlischen Friedens haben sich einer ganzen Generation von Europäern und Amerikanern eingeprägt. Nach Auffassung vieler Menschen stehen sie als Symbol für ein verbrecherisches Regime, das die Menschenrechte mit Füßen tritt und seine Bürger unterdrückt. In China hört man heute indes ganz andere Stimmen. Sie weisen darauf hin, dass schon zu Beginn des Jahres 1989 Deng Xiaoping den damaligen US-Präsidenten George Bush dazu aufgefordert hatte, die systemkritischen Kräfte in seinem Land nicht zu unterstützen, da dies unabsehbare Konsequenzen haben könnte. Dazu gibt es verschiedene Theorien: Der Westen habe China destabilisieren wollen, um den Funken des von Gorbatschow eingeleiteten Kurses der Glasnost auf China überspringen zu lassen. Daher habe man bewusst auf eine Rebellion hingearbeitet, als durch den Besuch Gorbatschows in Peking Fernsehteams aus aller Welt ihre Kameras auf den Tian'an men-Platz gerichtet hatten und so ein leises Einschreiten der Staatsgewalt unmöglich war. Andere Meinungen besagen, dass die Parteilinken die Demonstrationen angezettelt hätten, um den Rücktritt der Deng-Getreuen zu provozieren – Ministerpräsident Zhao Ziyang wurde in der Tat nach den Ereignissen entlassen und unter Hausarrest gestellt. Für mehr als zwei Jahre ergab sich in

Peking ein politisches Patt zwischen Reformbefürwortern und -gegnern. Heute ist die auf den ersten Blick näher liegende Auffassung, dass die Parteirechte die Studenten mobilisiert habe, um die Linken auszuhebeln, wesentlich weniger verbreitet. In jedem Fall herrscht in vielen Kreisen Misstrauen gegenüber der Ansicht, zu den Demonstrationen sei es spontan und aus freiem Willen einiger Studenten gekommen.

Obwohl es innerhalb der chinesischen Elite viele Familien gibt, die von den Folgen des Massakers unmittelbar betroffen sind, weil ihre Kinder selbst auf dem Platz mitdemonstriert hatten, findet sich doch sicherlich eine weit größere Zahl von Menschen, die hinter vorgehaltener Hand oder auch ganz offen sagt, dass sie froh über die Niederschlagung der Demonstrationen ist. Bei einem Erfolg wären auf China Verhältnisse zugekommen, wie sie während der 1990er Jahre in Russland herrschten. Nur durch einen harten Kurs sei es Deng Xiaoping möglich gewesen, die Macht in den Händen zu behalten, seine innerparteilichen Gegner verstummen zu lassen und an seinen wirtschaftlichen Vorstellungen festzuhalten. Groß ist deshalb die Gruppe derjenigen, die eine Beschäftigung mit dem Tian'an men-Massaker ablehnen. Für sie ist die Epoche vom «4. Mai (1919) bis zum 4. Juni (1989)» eine Phase der Massenmobilisierungen, von der man vor allem hofft, dass sie zu Ende ist.

24. Was hält die Kommunistische Partei von den Menschenrechten? Nach Einschätzung der Kommunistischen Partei Chinas ist die Durchsetzung der Menschenrechte von Anfang an ein zentrales Anliegen ihrer eigenen Politik gewesen. Als die Allgemeine Erklärung der Menschenrechte 1948 von den Vereinten Nationen verabschiedet wurde, gehörte China zu den Unterzeichnern, und mit Zhang Pengchun hatte ein Chinese maßgeblich an ihrer Formulierung mitgearbeitet. China hat sich niemals dezidiert gegen die Menschenrechte gewandt, wenn es auch vor allem seit den 1990er Jahren Politiker gibt, die die Erklärung als «veraltet» ansehen. Diese neuen Bestrebungen haben vermutlich weniger mit den Inhalten der Erklärung selbst als mit der veränderten Weltlage nach 1989 zu tun. Wurden die Menschenrechte während des Zeitalters, in dem der Kalte Krieg den meisten Politikern Realpolitik diktierte, überwiegend von privaten Organisationen eingefordert, sind sie seit dem Fall der Berliner Mauer, vor allem aber seit dem Tian'an men-Massaker, zu einem Element westlicher Rhetorik im internationalen diplomatischen Verkehr geworden.

Nicht von ungefähr trat China im Jahr 1991, als sich die Wogen, die der 4. Juni 1989 aufgewirbelt hatte, allmählich etwas zu glätten begannen, in einen Menschenrechtsdialog mit dem Westen ein. Im selben Jahr legte das Land seine eigene Position in einem Weißbuch nieder, in dem es die Grundidee der Menschenrechte nachdrücklich befürwortete. Allerdings unterstreichen chinesische (und andere asiatische) Politiker seit dieser Zeit auch immer wieder, dass es in Asien traditionell ein anderes Verständnis der Menschenrechte gebe als im Westen: Wichtiger als die vom Westen betonten individuellen Rechte seien in Asien immer die kollektiven Rechte gewesen. Im Falle Chinas ist klar, dass diese Haltung eng mit den Ereignissen am Tian'an men verbunden ist – wird doch auch die gewaltsame Niederwerfung der Demonstrationen offiziell mit dem Argument gerechtfertigt, dass ein anderes Vorgehen zwar individuelles Leben gerettet, gleichzeitig aber unermesslichen kollektiven Schaden angerichtet hätte. Eine Anbindung dieser Auffassung an die Weisheiten konfuzianischer Denker der vorchristlichen Zeit erscheint in diesem Zusammenhang kaum schlüssig. Allerdings wäre es grundfalsch, die chinesische Position einfach für die simple Strategie eines Unrechtsregimes zu halten, das sich alljährlich dafür rechtfertigen muss, wahrscheinlich weltweit mehr als 80 Prozent der Todesurteile zu vollstrecken. Schon der Vater der chinesischen Republik, Sun Yat-sen, der die auf Taiwan immer noch Verfassungscharakter besitzenden Rechte des Volkes definierte, hatte sich vehement gegen die absolute Freiheit des Einzelnen ausgesprochen. Er fürchtete nämlich, dass das chinesische Volk damit zu einem «Haufen losen Sandes» würde, der zwischen den Fingern der Regierung zerrinnt, die so den ausländischen Kolonialmächten nichts entgegenzusetzen hätte.

Die auf Sun Yat-sen zurückgehende Auffassung hat unter dem Dach der Allgemeinen Erklärung der Menschenrechte durchaus Platz, heißt es doch in deren 25. Artikel zum Beispiel, dass jeder Mensch das Recht auf einen Lebensstandard hat, der ihm und seiner Familie Gesundheit und Wohl gewährleistet. Derzeit räumt die chinesische Regierung diesem und ähnlichen Artikeln Priorität gegenüber anderen, individuellere Aspekte betonenden Artikeln ein, da letztere dazu geeignet sein könnten, das kollektive Menschenrecht auf einen angemessenen Lebensstandard zu untergraben.

Kein Zweifel besteht daran, dass in China immer wieder individuelle und auch kollektive Menschenrechte verletzt werden. Insbesondere die Art und Weise, wie politisch missliebige Personen inhaftiert werden, erinnert an längst vergangen geglaubte Zeiten. Die standardisierte Auflistung solcher Verletzungen durch westliche Politiker ist jedoch ein zweischneidiges Schwert: Auch wenn es mittlerweile in den großen Städten des Ostens durchaus eine Schicht gibt, die aus den unterschiedlichsten Motiven heraus begonnen hat, sich Teile der westlichen Menschenrechtsauffassung zu eigen zu machen, ist die Gefahr groß, dass wachsende Teile der Bevölkerung das westliche Vorgehen nicht als Wohltat ansehen, sondern als patriarchalische und sogar beleidigende Einmischung empfinden, deren wahrer Hintergrund der Versuch ist, einen wirtschaftlich bedrohlich gewordenen Konkurrenten zu gängeln. Spätestens seit das chinesische Fernsehen nach den amerikanischen Bombenangriffen auf Afghanistan und den Irak Bilder getöteter Kinder und weinender Eltern mit der rhetorischen Frage «Wo ist Eure Menschlichkeit?» untermalen konnte – und damit wohl mehr als einer Milliarde Chinesen aus der Seele sprach –, hat der Menschenrechtsdiskurs westlicher Politiker einen faden Beigeschmack erhalten.

25. Welchen Status genießt Hongkong in der Volksrepublik China? China hatte Großbritannien die Insel Hongkong nach dem ersten Opiumkrieg bedingungslos zugestanden. Nachdem den Engländern nach dem zweiten Opiumkrieg im Jahr 1860 auch das auf dem Festland liegende Kowloon zufiel, musste das Qing-Reich ihnen im Jahr 1898 mit den sogenannten «New Territories» zusätzliche Gebiete auf dem gegenüberliegenden Festland überlassen – im Gegensatz zu dem zuvor erhaltenen Terrain allerdings nicht auf ewig, sondern nur für 99 Jahre. Diese 99 Jahre liefen im Jahr 1997 aus. Da die Insel Hongkong ohne die New Territories nicht lebensfähig war, China aber auf keinen Fall auf seinen Anspruch verzichtet hätte, blieb den Engländern nichts anderes übrig, als Hongkong vollständig zurückzugeben. Zu diesem Zweck wurde eine Kommission eingesetzt, die die Modalitäten aushandelte. Hongkong war nach der Machtübernahme der Kommunisten 1949 zu einem blühenden Handels- und Industriezentrum herangewachsen, da eine große Zahl von chinesischen Unternehmern vor allem aus Shanghai dorthin geflüchtet war. Großbritannien hatte Hongkong immer als Modellprodukt eines geglückten Kolonialismus vermarktet. Niedrigsteuerpolitik gepaart mit einer effizienten Verwaltung und einer strategisch günstigen Lage waren Garanten des Erfolges gewesen. An eine Partizipation der Bürger hatte man allerdings, da die Sache auch ohne diese gut funktionierte, niemals gedacht. Erst der letzte englische Gouverneur Chris Patten kam in den 1990er Jahren auf die Idee, die chinesische Bevölkerung gleichsam als Abschiedsgeschenk mit den Segnungen der westlichen Demokratie zu beglücken. Um die über fünf Millionen Einwohner Hongkongs nicht zu englischen Bürgern machen zu müssen, wie es das eigene Selbstverständnis eigentlich nahegelegt hätte, hatte das Vereinigte Königreich mit den Chinesen ausgehandelt, dass diese Hongkong ohne weitere Bedingungen erhalten würden, wenn sie sich verpflichteten, dessen Status und politisches System nach der Machtübernahme unverändert zu belassen. Nur so ließ sich rechtfertigen, dass man Untertanen der Krone einem Staat auslieferte, in dem Menschenrechtsverletzungen begangen wurden. Natürlich hatte die Volksrepublik China dieses Zugeständnis unter anderen Voraussetzungen gemacht, als sie Chris Patten nun schuf. Deshalb sorgte dessen demokratisches Experiment auf chinesischer Seite für nicht unverständliche Missstimmung.

Dennoch ließ sich Peking auf ein begrenztes Maß an Demokratie ein. Während einen Teil der Abgeordneten im Hongkonger Parlament Standesgruppen stellen, werden andere Teile tatsächlich vom Volk frei gewählt. Die ersten Wahlen zum Legislativrat – einer Art Parlament – der Stadt unter chinesischer Verwaltung gingen dann ganz anders aus, als sich dies westliche Beobachter ausgerechnet hatten: Das Maß an Zustimmung für die chinesische Seite war wesentlich höher als gedacht, und die prodemokratischen Parteien, die sich auf den aufgeklärten Mittelstand gestützt, die sozialen Verhältnisse der ärmeren Bevölkerungsschichten aber vernachlässigt hatten, brachen ein. Dieser nur für westliche Beobachter erstaunliche Trend setzte sich auch im Jahr 2000 und 2004 fort, wobei die Wahlbeteiligung deutlich auf 55 Prozent anstieg. Eine Mehrheit von Hongkongern scheint sich nach der guten alten Vergangenheit weniger zurückzusehnen, als man das im Westen meint. Die wichtigsten Versprechen sind gehalten worden: Das Demonstrationsrecht und die Pressefreiheit blieben bestehen, Hongkong funktioniert nach wie vor nach völlig anderen Gesetzen als die Volksrepublik China. Für die Einreise nach Hongkong brauchen Chinesen immer noch eine Art Visum, die

Grenze besteht weiter. Damit war das Modell «Ein Land – zwei Systeme» geschaffen.

Allerdings ist nicht alles beim Alten geblieben. Wirtschaftlich – und das ist sicherlich der alles überragende Grund für Veränderungen in Hongkong – hat die Stadt mit Shanghai einen starken Konkurrenten erhalten, der ihr in der Gunst vieler Investoren den Rang abgelaufen hat. Trotz scharfer Grenzkontrollen gibt es eine hohe Zahl chinesischer Einwanderer, die den Rückgang der Geburten (die Rate liegt mit 0,9 Kindern pro Frau auf einem weltweit einmalig niedrigen Niveau) mehr als wettmachen. Nach wie vor ist Hongkong ein wichtiges Pressezentrum, doch berichten Journalisten gerne von einer Selbstzensur, die man sich dort nun auferlegt habe, um die neuen Machthaber nicht zu verschrecken. Zwar wird von Hongkong aus an vielen chinesischen Missständen Kritik geübt, die sonst nicht laut werden würde, doch heißt es, dass nicht die gleiche Freiheit herrsche wie unter der Regierung der Briten. Indessen wäre es auch mehr als erstaunlich gewesen, wenn der Machtwechsel ohne eine Spur von Veränderung vonstatten gegangen wäre.

26. Gehört Taiwan zu China? Taiwan ist wohl schon vor mindestens sechstausend Jahren von Menschen besiedelt worden, die heute zu den austronesischen Völkern gezählt werden. Zwar kamen seit dem Ende des 1. Jahrtausends v. Chr. vereinzelt Chinesen auf die Insel, doch begann erst im 12. und 13. Jahrhundert eine dünne chinesische Besiedelung. Als die Portugiesen Taiwan 1583 entdeckten und auf den Namen Ilha Formosa («Die schöne Insel») tauften, gab es also zwar eine schwache chinesische Präsenz, doch gehörte die Insel nicht zum Reich auf dem Festland. Die niederländische Ostindienkompanie besetzte 1624 den Süden der Insel und erweiterte ihren Einflussbereich bis 1641 über einen Großteil der Gesamtfläche, während gleichzeitig chinesische Siedler eintrafen. Die Europäer versuchten unter der einheimischen Bevölkerung zu missionieren, wurden aber schon 1662 von Zheng Chenggong, einem von der japanischen Insel Hirado stammenden Sohn chinesisch-japanischer Eltern, vertrieben. Dieser hatte zuvor im maritimen südostasiatischen Raum Handel und Piraterie getrieben und war dann 1645 für seine Unterstützung der Ming-Dynastie gegen die Mandschuren von den überlebenden Ming mit dem Titel «Exzellenz mit dem Namen der Reichsfamilie» (Guoxingye; die Niederländer verstanden diesen Namen übrigens als

«Koxinga») ausgezeichnet worden. Zheng Chenggong errichtete auf Taiwan eine Dynastie, die jedoch schon 1683 von der mandschurischen Qing-Dynastie gestürzt wurde. Die Mandschuren interessierten sich nicht übermäßig für Taiwan, das sie nominell an die auf der anderen Seite der Taiwan-Straße liegende Provinz Fujian angliederten. In den nächsten 200 Jahren entwickelte sich die Insel zu einem Fluchtpunkt für Fujianesen, die sich dem Zugriff der Dynastie entziehen wollten. In dieser Zeit wurde Taiwan massiv von der Kultur Fujians geprägt. Vor allem brachten die Einwanderer ihre Sprache mit: Was heute auf Taiwan offiziell, wenn auch etwas irreführend, als «taiwanesisch» bezeichnet wird (gerechterweise müssten so die Sprachen der Ureinwohner heißen), ist im Grunde nichts anderes als einer der Hokkien-Dialekte, die in Fujian gesprochen werden. Allerdings ist dieser vom Hochchinesischen weiter entfernt als viele indoeuropäische Sprachen voneinander.

Erst im Jahr 1887 begann sich das Qing-Reich der wichtigen Stellung Taiwans bewusst zu werden und erhob es zur Provinz, die damals etwa 2, 5 Millionen Einwohner umfasste. Diesen Status behielt die Insel nur für 8 Jahre, nach dem chinesisch-japanischen Krieg 1894/95 wurde sie bis 1945 japanische Kolonie. Spuren der Kolonialzeit sind auf Taiwan bis heute sichtbar, und trotz der Kolonialpolitik hält sich eine gewisse Verbundenheit mit Japan. Als die Besatzer 1945 abziehen mussten, marschierte die Guomindang Chiang Kai-sheks auf der Insel ein. Deren Herrschaft stellte sich schnell als härter heraus als diejenige der Japaner. Am 28. Februar 1947 brach deshalb ein Aufstand aus, der militärisch niedergeschlagen wurde und zur Verhängung des Kriegsrechts führte, das bis zum Jahr 1987 bestehen blieb. 1949 floh Chiang Kai-shek mit an die zwei Millionen seiner Anhänger nach Taiwan. Die Bevölkerung schnellte von knapp 6 Millionen Einwohnern auf über 7,5 Millionen empor. Erst durch dieses Ereignis erhielt die Insel ein nennenswertes nordchinesisches Element, das alsbald die Führungsrolle beanspruchte. Dennoch sprechen auch heute etwa 70 Prozent der mittlerweile 23 Millionen Taiwanesen Fujianesisch (oder «Hokkien») und weitere 10 Prozent andere südchinesische Dialekte wie Kantonesisch oder Hakka. Aufgrund dieser Tatsache und auch wegen der Demokratisierung, die seit 1987 stattgefunden hat, gibt es bei Teilen der Inselbevölkerung ein starkes Gefühl der nationalen Eigenständigkeit, das Rufe nach Unabhängigkeit von China hat laut werden lassen.

27. Gehört China zu Taiwan? Die Frage mutet merkwürdig an, sie beschreibt aber den Ist-Zustand des nationalen Selbstverständnisses der nach wie vor größten taiwanesischen Partei, der Guomindang. Chiang Kai-shek wurde noch 1948 in Nanking zum Präsidenten der Republik China gewählt. Nach seiner Flucht hat er den Alleinvertretungsanspruch auf die Führung in China niemals aufgegeben. Deshalb ist der offizielle Name Taiwans nach wie vor «Republik China». Die Insel versteht sich also als in ungebrochener Kontinuität zur von Sun Yat-sen 1912 auf dem Festland gegründeten Republik stehend – und sieht die Volksrepublik China als illegitim an. Problematisch ist dieses Selbstverständnis erst mit der Gründung der Demokratischen Fortschrittspartei 1986 geworden, die eine Loslösung Taiwans von China anstrebt. Dies würde natürlich auch die Aufgabe des Anspruches bedeuten, die legitime Regierung Chinas zu stellen. Die Fortschrittspartei ist seit dem Jahr 2000 an der Macht, hat aber in der Bevölkerung bisher keine Mehrheit für die Loslösung von China gefunden, da diese mit großer Wahrscheinlichkeit einen Krieg nach sich ziehen würde. So bleiben die meisten Fragen des Verhältnisses Taiwans zu China ungeklärt, was zum Teil zu bizarren Ergebnissen führt: So kann die taiwanesische Regierung zum Beispiel die Äußere Mongolei als unabhängigen Staat formal noch immer nicht anerkennen, weil diese für die Guomindang-Regierung stets integraler Bestandteil Chinas war und eine Redefinition der Außengrenzen einer neuen Verfassung bedürfte. Ähnliches gilt selbstverständlich für Tibet, welches die Fortschrittspartei als nicht zu China gehörig ansieht. Die Bezeichnung als «Taiwan, China», die zunehmend gebraucht wird, lehnt die derzeitige Regierung als beleidigend ab und wünscht stattdessen einfach «Taiwan». Dies jedoch gefällt dem nach Anzahl der Stimmen bisher etwa gleichstarken anderen politischen Lager nicht. In der Bevölkerung gibt es zwar ein wachsendes Gefühl für eine eigenständige taiwanesische Identität, doch da die Entscheidung für eine neue Verfassung und die Unabhängigkeit einerseits riskant wäre und andererseits massive Verschlechterungen für die zahlreichen wirtschaftlichen und persönlichen Beziehungen zum Festland nach sich zöge, kann auch die Fortschrittspartei bei diesem Thema nicht so stark auftrumpfen, wie sie es gerne täte.

Auch die Guomindang strebt für den Augenblick keine Vereinigung mit dem Festland an, weil sie institutionell zu wenig Gemeinsamkeiten sieht. Sie will eher auf Veränderungen in der Volksrepublik

China hinwirken, um langfristig Einheit unter westlich demokratischen Vorzeichen zu erreichen. Damit der Wunsch nach Wiedervereinigung nicht vergessen wird, ließ Chiang Kai-shek die Straßen der Hauptstadt Taipei nach Provinzen und Orten des Festlandes benennen, so dass dem Besucher die chinesische Identität Taiwans auf Schritt und Tritt begegnet. Die neue Regierung, die sonst keine Gelegenheit auslässt, Erinnerungen zu tilgen, die auf eine Zugehörigkeit der Insel zum chinesischen Kulturkreis hinweisen, und der auch der Name des Flughafens (Chiang Kai-shek Airport) ein Dorn im Auge ist, hat bisher auf diesem Gebiet noch keine nennenswerten Vorstöße unternommen. Dies ist aber sicher nur eine Frage der Zeit.

Die Volksrepublik China wiederum möchte die Wiedervereinigung errreichen nach dem Modell «Ein Land – zwei Systeme». Taiwan soll sich nach dem Vorbild Hongkongs unter Beibehaltung seines politischen Systems in die Volksrepublik eingliedern lassen. Im Augenblick hat Peking aber offenbar eingesehen, dass sich dieses Ziel kurzfristig nicht verwirklichen lässt, und arbeitet deshalb auf eine Verhinderung der Unabhängigkeit hin. Nähme die Volksrepublik eine Abspaltung hin, dann gäbe es keinen logischen Grund, warum zum Beispiel die Provinz Fujian, deren Sprache mit der auf Taiwan gesprochenen weitgehend identisch ist, nicht ebenfalls eigenständig sein sollte.

Der entscheidende Punkt, der im Westen zumeist nicht verstanden wird, ist, dass die Führung der Volksrepublik sich kein unabhängiges Taiwan vorstellen kann, das neutral wäre. Wenn es nicht zu China gehört, dann wird es ihrer Logik zufolge zum militärischen Vorposten des Westens, genauer gesagt der Vereinigten Staaten. Diese Haltung bezieht ihre Legitimation aus der Tatsache, dass nur drei Monate, nachdem die USA 1979 diplomatische Beziehungen mit der Volksrepublik China aufgenommen und damit auch die Ein-China-Politik anerkannt hatten, der sogenannte Taiwan Relations Act verabschiedet wurde, in dem Washington zusicherte, die Insel mit Defensivwaffen auszustatten und gegen Angriffe zu schützen. Die amerikanische Politik bemüht sich also, zweigleisig zu fahren, was von der Volksrepublik China indes als doppelzüngig angesehen wird. Die eigentliche Tragödie Taiwans besteht darin, dass viele seiner Bewohner aufgrund dieser Verwicklungen meinen, Wahlfreiheit zwischen verschiedenen Systemen zu haben, während sie in Wahrheit Spielball anderer Mächte sind.

28. Gehört Tibet zu China? Für Tibet gilt aus chinesischer Sicht dieselbe Frage, die auch für Taiwan gestellt wird: Wenn es nicht zu uns gehört, zu wem dann? Die Vorstellung, dass das strategisch bedeutsame Gebiet ohne ausländischen Einfluss sein sollte, ist China völlig fremd. Für diese Einschätzung ist der ausschlaggebende Faktor die koloniale Erfahrung.

Nach der Auffassung Pekings gehört Tibet schon seit der Tang-Zeit zum chinesischen Einflussgebiet, da schon im 8. Jahrhundert Tributgesandtschaften an den Kaiserhof gekommen seien. De facto war Tibet zwar damals ein mindestens ebenbürtiger Partner, doch stellten die chinesischen Berichte den Besuch ausländischer Missionen als Unterwerfungsgeste dar. Obwohl die Mongolen Tibet im 13. Jahrhundert zum Teil ihres Weltreiches machten, blieb es von China unabhängig. Der nicht in China, sondern in der Steppe herrschende mongolische Großkhan Altan Khan (1507–1582) schuf im 16. Jahrhundert das System der sich immer neu inkarnierenden Dalai Lamas. Er selbst übte die weltliche Macht aus, dem Dalai Lama wurde die geistige Autorität zugeschrieben. Zu allen Zeiten hatten die Dalai Lamas nur in dem Maße weltliche Macht inne, wie der Arm des Zentralstaates nicht nach Tibet reichte. Ein zweiter wichtiger geistiger Lehrer war seit etwa derselben Zeit der in anderen Kreisen verehrte Panchen Lama.

Diese Hintergründe sind insofern für das Verständnis der heutigen Lage wichtig, als 1644 in China mit den Mandschuren ein zentralasiatisches Volk die Macht übernahm, das trotz starker Rivalitäten eng mit den Mongolen verbunden war und sich als deren Rechtsnachfolger verstand. Mongolischen und mandschurischen Generälen und Diplomaten gelang es im 18. Jahrhundert, Tibet in das chinesische Reich einzugliedern. Der Panchen Lama ging nach Peking und wurde geistiger Lehrer des Qianlong Kaisers (reg. 1736–1795). Während längerer Phasen wurde er, nicht der Dalai Lama, von vielen als Oberhaupt Tibets angesehen. Als sich im 19. Jahrhundert Auflösungserscheinungen des Qing-Reiches zeigten, geriet Tibet in das Interessengeflecht der Kolonialmächte Russland und England. Diese verzichteten zwar 1907 auf eine Expansion in Afghanistan und Tibet und erkannten die Suzeränität Chinas an. Dennoch wurde Tibet de facto zu einem britischen Protektorat, auch wenn sich das Vereinigte Königreich in die inneren Angelegenheiten nicht direkt einmischte. Die Folge war, dass es – sehr vereinfacht dargestellt –

einen starken Gegensatz zwischen einer dem Dalai Lama zugeordneten Modernisierungsfraktion, die nach Großbritannien tendierte, und einer traditioneller ausgerichteten Gruppe, die vom Panchen Lama angeführt wurde, gab. Die chinesische Revolution schwächte aber die alten chinesischen Ansprüche, die von der jungen Republik kaum wahrgenommen wurden. So konnte der Dalai Lama Tibet 1913 für unabhängig erklären, ohne dass allerdings China oder irgendein anderer Staat dies anerkannt hätte. Nach heftigen innertibetischen Auseinandersetzungen floh der Panchen Lama 1923 nach Peking.

Die Wirren der folgenden Jahrzehnte verdeckten den Konflikt, doch nach dem Sieg der Volksbefreiungsarmee unterzeichneten Vertreter des Dalai Lama in China 1951 ein Abkommen, das die chinesische Souveränität über Tibet bestätigte. Als man während des «Großen Sprungs nach vorn» 1959 versuchte, in Tibet Volkskommunen zu errichten, kam es zum Aufstand, der blutig niedergeschlagen wurde und damit endete, dass der Dalai Lama nach Indien floh. Während der Kulturrevolution wurden – ähnlich wie in China selbst buddhistische und daoistische Tempel – zahlreiche tibetische Klöster verwüstet. Der Panchen Lama, der die Politik des «Großen Sprungs» zunächst unterstützt, dann aber kritisiert hatte, stand in Peking unter Hausarrest. Von 1979 an konnte er in Tibet die Führung übernehmen. Nach seinem Tod im Januar 1989 dauerte es über fünf Jahre, bis tibetische Mönche eine Reinkarnation von ihm fanden, einen sechsjährigen Jungen. Dieser verschwand drei Tage, nachdem der Dalai Lama ihn als Nachfolger anerkannt hatte, wohl weil man auf chinesischer Seite Sorge hatte, die traditionelle Peking-Ausrichtung des Panchen Lama könne verloren gehen. An seiner Stelle wurde ein anderer Junge eingesetzt, der seitdem in Peking erzogen wird. Es ist deutlich erkennbar, dass mit der Suche nach einer Reinkarnation des Panchen Lama politische Ansprüche verbunden sind und beide Seiten versuchen, dessen Autorität für die eigene Position nutzbar zu machen. Ferner ist klar ersichtlich, dass die harte Haltung Pekings gegenüber Tibet auch mit den Wirren der späten 1980er Jahre zusammenhängt, in denen es auch in Tibet zu Unruhen kam, hinter denen man westliche Einmischung vermutete.

Das Problem liegt also darin, dass die chinesische Souveränität über Tibet bis ins 19. Jahrhundert eine eigenständige Entwicklung des Gebiets erlaubte und gleichzeitig die chinesischen Außengrenzen festigte. Erst als weitere ausländische Mächte ins Spiel kamen, die an einer Abspaltung Tibets interessiert waren und die entsprechenden Kräfte förderten, begann sich die Haltung Pekings zu ändern: Heute sieht China die Forderungen nach einem unabhängigen Tibet – das übrigens nach Vorstellung des Dalai Lama neben der von den Chinesen ausgewiesenen autonomen Region Tibet auch große Teile der angrenzenden Provinzen Qinghai und Sichuan umfasst – als einen Versuch, den Ende des neunzehnten Jahrhunderts eingeleiteten imperialistischen Bestrebungen nachträglich doch noch zu einem Erfolg zu verhelfen. Auch wenn der Dalai Lama keine Abspaltung von China verlangt, sondern nur die Ausweitung des derzeitigen Autonomiestatus der Region sowie das Ende der chinesischen Einflussnahme möchte, ist doch klar, dass Tibet ohne Unterstützung von außen kaum lebensfähig ist. Nach eigenem Selbstverständnis leistet China in der rückständigen Region Entwicklungshilfe und wehrt damit gleichzeitig ausländische Einflussgelüste ab. Ähnlich wie in bezug auf die Taiwan-Frage ist die Position der internationalen Staatengemeinschaft auch hinsichtlich Tibets alles andere als klar. Obwohl es nämlich keinen maßgeblichen Staat gibt, der die Souveränität Chinas über Tibet nicht anerkennen würde, haben doch die USA, Europa und auch der deutsche Bundestag allerlei Vorbehalte erdacht, die dazu geeignet sind, diese offizielle Position zu relativieren.

29. Wie ist das Verhältnis zu den Großmächten der Welt? Obwohl sich die Volksrepublik China in den 1950er Jahren eng an die Sowjetunion anlehnte, schien für gute Beobachter von vornherein klar, dass diese Verbindung überaus zwiespältig war, ließ sich doch die damit verbundene Unterordnung mit dem chinesischen Selbstwertgefühl kaum vereinbaren. Der Bruch zu Beginn der sechziger Jahre hatte aber auch völkerrechtliche Ursachen. Russland und das mandschurische Kaiserreich hatten eine lange gemeinsame Grenze gehabt, und China beanspruchte große Teile eines Territoriums, das Russland während seiner Expansion bis ins 19. Jahrhundert vor allem in der Mandschurei und in Zentralasien annektiert hatte.

Schon vor dem offiziellen Abbruch der Beziehungen hatte sich die Volksrepublik China 1955 auf der Konferenz von Bandung zum Advokaten der Länder der «Dritten Welt» gemacht, eine Position, die später die Grundlinie ihrer Außenpolitik werden sollte: Man unterschied zwischen den Weltmächten USA und Sowjetunion auf der einen, deren Alliierten auf der anderen und den blockfreien Entwicklungsländern auf der dritten Seite. Bis heute verweist China im Dialog mit internationalen Geldgebern gerne – und zu Recht – darauf, dass es trotz alles wirtschaftlichen und technischen Fortschritts auch noch Züge eines Entwicklungslandes trägt.

Während der Kulturrevolution galten der Volksrepublik China sowohl die USA als auch die UdSSR als imperialistische Feindstaaten. Doch schon 1972 leitete Richard Nixon mit seinem China-Besuch eine Wende ein, die schließlich zur Aufnahme diplomatischer Beziehungen zwischen beiden Ländern führen sollte. Die 1980er Jahre waren gekennzeichnet von einer Frontstellung gegenüber der UdSSR bei sich gleichzeitig stetig verbessernden Beziehungen zu den USA und zur westlichen Welt. Für viele Chinesen wurde Amerika zum Traum von einer besseren Welt. Letztlich waren die Demonstrationen auf dem Tian'an men-Platz der Kulminationspunkt dieses Traumes. Sie fanden ironischerweise zu einem Zeitpunkt statt, als Michail Gorbatschow in Peking weilte, die Regierungen Russlands und Chinas ihre Grenzstreitigkeiten beilegten und eine weitreichende Kooperation vereinbarten. Doch hat die Niederschlagung der Proteste nicht den Effekt gehabt, dass sich das Volk auf die Seite der von den USA vertretenen Positionen geschlagen hätte. Vielmehr hat die amerikanische Politik, die Beziehungen nach diesen Ereignissen erst einmal einzufrieren – eine Politik, der viele europäische Staaten folgten, nicht aber die asiatischen Nachbarn –, das Gegenteil bewirkt: Enttäuschung über die Zurückweisung Chinas auf internationaler Bühne hat im chinesischen Volk eher ein Gefühl der Verletztheit hervorgerufen als einen Aufstand gegen die eigene Regierung. Angefangen mit der Taiwan-Politik der Clinton-Administration, ihrer Menschenrechtspolitik und den amerikanischen Kriegen des ausgehenden 20. und des beginnenden 21. Jahrhunderts hat eine Kette von Ereignissen dazu geführt, dass große Teile der chinesischen Bevölkerung der offiziellen Position ihrer Regierung folgen und den USA kühl gegenüberstehen, obwohl der amerikanische Way of Life nach wie vor ein großes Vorbild darstellt. Dagegen sind die Beziehungen zu Russland heute von der Erkenntnis geprägt, dass es mehr gemeinsame Interessen als trennende Differenzen gibt. Echte Freundschaft aber herrscht nicht. Daher versucht die chinesische Regierung verstärkt, eine multipolare Außenpolitik zu betreiben und dritte Partner wie die Europäische Union aufzuwerten.

30. Unterstützt China Amerikas «Krieg gegen den Terror»? Die Partnerschaft Chinas mit den USA ist angespannt. Ein wichtiges Resultat des Afghanistan-Krieges ist die amerikanische Truppenpräsenz in mehreren Nachbarstaaten Chinas, die ehemals Sowjetrepubliken und damit verschlossenes Territorium waren. Da auch in Ostasien in mehreren Ländern US-Truppen stationiert sind, hat sich die Umzingelung der Volksrepublik China seit dem Beginn des 3. Jahrtausends massiv verstärkt, eine Situation, die Peking nicht gefällt, auch wenn moderne Kriege von solch geostrategischen Faktoren nicht mehr unbedingt abhängen.

Dennoch hat Peking Washington nach den Anschlägen vom 11. September 2001 seine Unterstützung im Kampf gegen den Terror zugesichert. Dies ist ernst gemeint, denn China empfindet die eigene Sicherheitslage als derjenigen der USA verwandt: Mehrfach wurden im Land Anschläge verübt. Sie gehen auf das Konto uigurischer, das heißt turkstämmiger Muslime aus der autonomen Provinz Xinjiang («Neue Territorien»), die erst im 18. Jahrhundert, etwa zu der Zeit, als Preußen und Russland Polen unter sich aufteilten, unter mandschurische Oberhoheit kam. Dieses Gebiet, das im Westen auch unter dem Namen «Ostturkestan» bekannt ist, hat sich dem Druck aus der Hauptstadt nie ganz gebeugt: Schon im 19. Jahrhundert gelang es der Zentralregierung nur schwer, Revolten niederzuschlagen, und in der ersten Hälfte des 20. Jahrhunderts machten sich in der Region Kriegsherren selbständig. Nach 1949 unterwarf China die Neuen Territorien erneut, schaffte es aber nicht, den Autonomiestatus mit entsprechenden Rechten zu unterfüttern. Von Anfang an, verstärkt aber seit den 1980er Jahren betrieb die Volksrepublik eine Kolonialisierungspolitik: Sie lockte Bewohner der übervölkerten Inlandsprovinzen mit der Aussicht auf Gehälter, die zum Teil beim Doppelten des normalen chinesischen Äquivalents lagen, nach Xinjiang und vervielfachte damit in kurzer Zeit den Anteil der Chinesen an der Bevölkerung.

Im Jahr 2002 hatte Xinjiang einem Zensus zufolge 19 Millionen Einwohner, von denen 45 Prozent Uiguren und etwa 40 Prozent Chinesen waren. Mit knapp 7 Prozent folgten die Kasachen, die wie die Uiguren ein turksprachiges Volk sind, und mit 4,5 Prozent die Hui, das heißt chinesischsprachige Muslime. Obwohl diese Zahlen durchaus nicht allseits geglaubt werden, zeigen sie doch, dass die Turkvölker in ihrem Autonomiegebiet eine Minderheit zu werden drohen. Der Zuzug von Han-Chinesen, der die Identität der vormals großen Städte von einer muslimisch-türkischen zu einer chinesischen Prägung ge-wendet hat, führte zu einem heftigen Separatismus, der 1997 in meh-reren Bombenanschlägen kulminierte. Als die chinesische Regierung mit drakonischen Maßnahmen auf diesen Terror reagierte, verschwan-den viele Separatisten im pakistanischen Untergrund. Schon in den 1980er Jahren hatte sich dort ein harter Kern von uigurischen Kämp-fern im Umfeld der damals von den USA im Kampf gegen das kom-munistische Regime in Afghanistan unterstützten Islamisten gebil-det. Der amerikanische Krieg gegen den Terror hat China Gelegenheit gegeben, gegen die muslimische Separatistenbewegung in Xinjiang mit der Begründung vorzugehen, sie stehe auf der gleichen Stufe wie die Attentäter des 11. September: Im Gegenzug für die chinesische Unterstützung des «Kriegs gegen den Terror» erkannten die USA die «Islamische Bewegung für Ostturkestan» als terroristisch an. So steht die Welt vor dem Paradox, dass sich chinesische und amerikanische Interessen in Fragen des sogenannten «Terrors» zwar begegnen, der Kampf gegen den Terror China jedoch unliebsame neue Nachbarn beschert hat.

31. Was hält die Regierung von den Atomprogrammen Nordko-reas und Irans? Atommächte sehen es grundsätzlich nicht gerne, wenn andere Länder neu zum erlauchten Kreis der Staaten, die über Atomwaffen verfügen, hinzustoßen. Dies gilt auch für die Volksre-publik China. Prinzipiell hält sie es für sicherer, wenn Nordkorea und Iran ohne Atomkraftwerke, vor allem aber ohne Atombomben blei-ben. Indes ist die Sache de facto wesentlich komplizierter. Nordkorea ist ein alter Verbündeter, der zwar mittlerweile mit seinem starrsin-nigen Festhalten am kommunistischen Führerkult und seiner chro-nischen wirtschaftlichen Abhängigkeit vom Nachbarland zu einem Problem geworden ist, aber strategisch nach wie vor eine wichtige Rolle spielt und deshalb, aller anderslautenden Rhetorik zum Trotz, nicht fallen gelassen wird. Offiziellen Verlautbarungen oder Zei-tungskommuniques, die von China auf der einen und den USA auf der anderen Seite zur Nordkoreafrage abgegeben werden, sollte man keinen allzu großen Glauben schenken: Sie dienen mehr dazu, Bot-schaften an den jeweils anderen großen Partner zu senden, als dass sie etwas über die tatsächliche Lage aussagen würden.

Nordkorea ist ein wichtiger Puffer zu den in Südkorea stationierten amerikanischen Truppen, die sonst im ungünstigsten Fall direkt an der chinesischen Grenze stünden. Sollte Nordkorea in den Besitz der Atombombe gelangen, dann hätte das zweierlei Auswirkungen: Einerseits wäre es gegen einen amerikanischen Angriff gefeit, das wäre gut für China. Andererseits aber könnte es für Unruhe in Chinas Nordosten sorgen, das wäre unangenehm. Überdies bleibt die Frage, ob nicht eine Wiedervereinigung Koreas erschwert würde, wenn der Norden in den Besitz der Bombe käme. Für Chinas Militärs wäre eine koreanische Einigung langfristig angenehm, würde sie doch vermutlich die Präsenz der auch in Südkorea nicht übermäßig populären amerikanischen Truppen beenden. Insofern ist davon auszugehen, dass Peking zwar mit beiden Optionen leben könnte, letztlich aber die zweite bevorzugen würde.

Ein wenig anders sieht die Sache im Falle Irans aus. Auch hier gilt, dass die Doktrin der Abschreckung, die Europa lange für sich in Anspruch nahm, um die Stationierung von Atomwaffen zu rechtfertigen, der wichtigste Grund ist, warum China grundsätzlich ein Interesse daran haben dürfte, dass das Land sich unter die Atommächte einreiht. An keinem anderen Ort der Welt erscheint die Gefahr eines amerikanischen Einmarsches im Augenblick größer als in Iran. Da dieses zudem kaum ein Nachbarland ohne Atomwaffen mehr hat, ist die Lage überaus prekär. Natürlich kämpft China mit den USA unterschwellig um die Ölressourcen der Welt. Nachdem es im Irak auf absehbare Zeit keine Rolle mehr spielen kann, wäre ein Iran unter amerikanischer Besatzung für China höchst ungünstig. Zugeständnisse an die Interessen der USA, die sich darin manifestieren, dass China Resolutionen des Weltsicherheitsrates gegen Iran mitträgt, dürften deshalb erstens nicht die ganze chinesische Position widerspiegeln und zweitens an amerikanische Zugeständnisse gegenüber China gekoppelt sein.

32. Wie ist das Verhältnis zu Afrika? China hat sich traditionell als Anwalt der Entwicklungsländer verstanden. 1955 fand im indonesischen Bandung eine Konferenz statt, an der 23 asiatische und 6 afrikanische Länder teilnahmen. Hier wurde der Begriff der «dritten Welt» geprägt, die sich als blockfrei verstand und von den Einflusssphären der USA und der UdSSR abgrenzte. Die Volksrepublik war das größte Land, das an dieser Konferenz teilnahm. In den Jahren, die auf die Bandung-Konferenz folgten, begann China sich als dritte Macht auf dem afrikanischen Kontinent zu engagieren. Mit mehreren afrikanischen Ländern wurden Freundschaftsverträge abgeschlossen, die den Austausch von Studenten, aber auch chinesische Militärhilfen zum Inhalt hatten.

Dennoch blieb das chinesische Engagement insgesamt für lange Zeit gering. Erst mit dem Beginn des Wirtschaftsaufschwungs um 1990 begann sich dies zu ändern. Chinesische Firmen gingen weniger nach Lateinamerika sondern verstärkt nach Afrika, wo sie einerseits Absatzmärkte für qualitativ weniger hochwertige Produkte fanden und andererseits massiv in die Förderung von Rohstoffen einstiegen. Seit der Jahrtausendwende ist China zu einem wichtigen Akteur auf dem Kontinent herangewachsen. Die afrikanische Reaktion darauf ist zwiespältig: Einerseits sind die Chinesen willkommen, da ihr Engagement in von westlichen Entwicklungsorganisationen als hoffnungslos aufgegebenen Regionen zu einem beträchtlichen Anstieg des Bruttoinlandsprodukts geführt hat und sie ihren Einsatz nicht an Bedingungen knüpfen, wie dies viele westliche Staaten tun, die als Gegenleistung für humanitäre Hilfen die Anerkennung westlicher Werte einfordern. Der chinesische Kapitalismus kommunistischer Prägung interessiert sich nämlich für Profit, nicht für Werte, und erzielt damit beachtliche Erfolge. Andererseits wird er dafür kritisiert, dass er zum Verlust traditioneller Lebensweisen führt, dass das Geld, das er bringt, nicht in die Taschen des Volkes, sondern korrupter Eliten fließt, und der Import billiger chinesischer Güter die einheimische Industrie zerstört. Zudem ist vollkommen klar, dass China sich mit seinen Investitionen Rohstofflieferanten sichern möchte. Besonders von westlicher Seite, auf deren Kosten die chinesische Offensive geht, wird Pekings Vorgehen in Afrika oftmals als skrupellose Unterstützung brutaler Diktatoren gebrandmarkt. Bei aller berechtigter Kritik sollte indes nicht übersehen werden, dass der chinesische Erfolg auch eine Konsequenz des Versagens westlicher Entwicklungspolitik ist und man deshalb von China durchaus lernen sollte.

33. Rüstet das Land auf, um expandieren zu können? Im Jahr 2006 gab Ministerpräsident Hu Jintao die Formel von der «harmonischen Gesellschaft» aus, mit der er an traditionelle Vorbilder anknüpfte. Die harmonische Gesellschaft soll sowohl nach innen wirken als auch nach außen eine friedliche Integration Chinas auf der Weltbühne garantieren. Mit der Schaffung dieses neuen Leitbildes möchte Peking dem Bedrohungsgefühl begegnen, das sich in der westlichen Welt angesichts des kometenhaften wirtschaftlichen Aufstieges des Landes breit gemacht hat. Chinesische Politiker werden nicht müde zu betonen, dass ihr Land – anders als die westlichen Nationen – niemals andere Weltregionen in kriegerischer Absicht heimgesucht habe und dies auch in Zukunft nicht vorhabe. Diese Darstellung ist sicherlich nicht falsch. China hat kein Interesse daran, einen kostspieligen militärischen Wettlauf mit den USA zu beginnen, um in anderen Weltregionen Kriege führen zu können.

Allerdings reicht die chinesische Hegemonialsphäre weiter als die derzeitigen Grenzen des Landes. Um einer möglichen Abspaltung Taiwans vorzubeugen, gibt Peking große Summen für die Modernisierung seiner Streitkräfte aus. Auch nach Süden erstreckt sich das chinesische – und übrigens auch das taiwanesische – Interessengebiet bis zu den Spratleyinseln (chinesisch: Nansha), die zwischen Südvietnam und den Philippinen im Südchinesischen Meer liegen. Tatsächlich waren diese Inseln bis zur französischen Kolonialisierung im 19. Jahrhundert von chinesischen Fischern bewohnt. Sie werden aber auch von Vietnam und in Teilen von Malaysia, Brunei und den Philippinen beansprucht. Um die eigenen Ansprüche aufrechterhalten zu können, ist die Volksrepublik China auf eine moderne Marine angewiesen.

Da die chinesisch-vietnamesischen Streitigkeiten 1988 im Zuge der Reformen Gorbatschows vorläufig beigelegt wurden, sind die Spratley-Inseln zusammen mit den Brennpunkten Nordkorea und Taiwan im Augenblick die drei Hauptargumente, mit denen China die Notwendigkeit einer starken Armee begründet. Lange Zeit hatte Peking in militärischen Dingen vor allem auf Masse gesetzt: Die Stärke der Armee ist nicht genau zu beziffern, doch ist sie mit deutlich über zwei Millionen Mann noch immer die zahlenmäßig größte der Welt. Allerdings gilt sie als schlecht ausgerüstet. Die schnellen Siege westlicher Armeen am Golf und in Jugoslawien haben in China ein Umdenken bewirkt. Seit den 1990er Jahren ist die Zahl der unter Waffen stehenden Männer und Frauen mehrfach deutlich reduziert worden. An die Stelle der Masse soll künftig technologische Stärke treten. Dies gilt besonders für die vor Taiwan konzentrierten Truppenteile, die durch eine Modernisierung in die Lage versetzt werden sollen, im Krisenfall einen schnellen Schlag durchzuführen.

Der offiziell genannte Betrag, der in den Militärhaushalt fließt, lag

2006 bei umgerechnet 35 Milliarden US-Dollar. Jedoch ist die Volksbefreiungsarmee – neben der Kommunistischen Partei Chinas und dem Staatsapparat eine der drei Säulen des Staates – eigentlich ein Staat im Staate: Sie verfügt über zahlreiche Betriebe, die sich quer durch die gesamte Industrielandschaft ziehen, nicht nur in der Schwer- und Rüstungsindustrie, sondern zum Beispiel auch in der Unterhaltungsbranche. So verdient sie ihr Geld mit Panzern genauso wie mit CDs oder Videoclips chinesischer Schlagerstars. Das damit eingenommene Geld fließt aber nicht unbedingt in die Modernisierung der Streitkräfte, sondern eher in den Unterhalt der Familien der Truppenangehörigen. So mag der Gesamtetat der Volksbefreiungsarmee wesentlich höher sein, als die offiziellen Zahlen erkennen lassen – pro Kopf der Bevölkerung liegt er aber noch immer weit niedriger als in westlichen Staaten.

34. Welchen Zugang haben Chinesen zum Internet? Medien unterliegen in China nach wie vor der Zensur. Am stärksten betrifft das jedoch mittlerweile das Internet, weil es den leichtesten Zugang zu Nachrichten aus dem Ausland bietet. Gesperrt sind in China Seiten mit pornographischen Inhalten, aber auch solche mit politischem oder kulturellem Gedankengut. Von diesen Bereichen wird befürchtet, dass sie die Sicherheit des Staates untergraben könnten. Bestimmte Nachrichten aus Taiwan, von Tibet- oder Falun gong-Aktivisten sind selbstverständlich tabu, doch auch so manche eigentlich harmlose Kulturseite aus Deutschland, auf der sich irgendwann einmal chinakritische Worte gefunden haben. Häufig werden Seiten auch nur auf Verdacht hin gesperrt und wieder geöffnet, wenn der Zensur plausibel gemacht werden kann, dass ihr Inhalt ungefährlich ist. Suchmaschinen wie Google oder Yahoo erlegen sich aus diesem Grunde Selbstzensur auf, um in China Geschäfte machen zu können.

So ärgerlich dies sein mag, so ist doch auf der anderen Seite festzustellen, dass das Internet aus dem Leben vieler Städter in China ebenso wenig wegzudenken ist wie in Europa. Deutlich mehr als zehn Prozent aller Chinesen nutzen es heute, das sind weit über hundert Millionen Menschen, mit stark wachsender Tendenz. Die Suchmaschine Baidu, ein Pendant zu Google oder Yahoo, wird täglich millionenfach aufgesucht, und die Fülle der Informationen, die mittlerweile auf Chinesisch im Netz verfügbar sind, steigt in rasantem Tempo an. Nicht selten staunt der westliche Beobachter, mit welcher

Offenheit in allgemein zugänglichen Blogs diskutiert wird – zum Teil in einer Weise, die hierzulande Sperrungen zur Folge haben würde. Kurioserweise gehören chinesische Hacker – in mit jedem Zensurakt zunehmendem Maße – zu den gewieftesten Vertretern ihrer Spezies, wenn es darum geht, elektronische Sperren zu knacken. Insofern erscheint der Versuch, das Informationspotential des Internets einzudämmen, wie ein Kampf gegen Windmühlenflügel. Die Regierung der Volksrepublik China hat sich deshalb entschlossen, zum Gegenangriff überzugehen und das Internet für eigene Zwecke zu nutzen: Sie stellt Nachrichten und Informationen über das Land in großem Ausmaß und natürlich in der ihr selbst genehmen Form ins Netz. Damit ist sie jedoch noch nicht immer erfolgreich: Wer außerhalb Chinas nach für das Land neuralgischen Themen sucht, findet viel leichter von regierungsfeindlichen Organisationen gespeiste Seiten als die offizielle staatliche Version. Besonders die Sekte Falun gong scheint besser zu wissen, wie man sich das Internet für seine eigenen Zwecke zunutze macht: Wer zum Beispiel das Thema «Menschenrechte in China» ergoogelt, stößt auf Schritt und Tritt auf Falun gong-Kritik an China, aber nur sehr schwer auf die amtliche Position der Volksrepublik.

35. Ist China noch ein sozialistisches Land? Nach der Landreform zu Beginn der 1950er Jahre begann die Kommunistische Partei allmählich damit, Industrie und Landwirtschaft umzustrukturieren. Große Besitzungen wurden daraufhin verstaatlicht, und viele Unternehmer flohen ins Ausland, unter anderem nach Hongkong, weil ihnen die Arbeitsgrundlage entzogen wurde. Auf dem Höhepunkt des chinesischen Sozialismus gab es auf dem Land Volkskommunen und in der Stadt «Arbeitseinheiten». Arbeit war nach dem Prinzip der sogenannten «Eisernen Reisschüssel» garantiert: Kinder kamen in die Krippe, damit die Erwachsenen arbeiteten, und die Alten wurden sämtlich von der Einheit versorgt, so dass der Beschäftigte eine Rundumversorgung von der Geburt bis ins Grab hatte. Durch die Maschen des sozialen Netzes konnte zumindest theoretisch niemand fallen. Zwar wurden schon zu Beginn der Wirtschaftsreformen die ländlichen Volkskommunen aufgelöst, doch die Privilegien der Arbeitseinheiten in den Städten blieben noch bis Mitte der 1990er Jahre bestehen. Unternehmen wiesen deshalb einen riesigen Überschuss an Arbeitskräften auf und wussten sich oftmals nur dadurch zu helfen, dass sie einem Großteil von ihnen nur noch einen gewissen Prozentsatz ihres Grundgehaltes bezahlten, sie aber von der Arbeit freistellten.

Die Lage änderte sich, als der Staat im Gefolge der 1994 in die Verfassung aufgenommenen «sozialistischen Marktwirtschaft» damit begann, unprofitable Unternehmen Bankrott gehen zu lassen und Arbeitskräfte zu entlassen. Nachdem es für einige Zeit bei den zuvor fast kostenfreien Wohnungen, bei den Renten-, Kranken- und sonstigen Sozialversicherungen Übergangslösungen gegeben hatte, musste sich der Bürger plötzlich selbst um seine Absicherung kümmern, obwohl es noch kaum private Angebote gab. Ein harter Wettbewerb um Arbeitsplätze begann, von dem private Unternehmen profitierten, der aber gleichzeitig Arbeitsbedingungen bescherte, von denen sich mancher westliche Gemütlichkeit gewohnte Betrachter fragte, ob das noch sozialistisch sein könne.

Die Frage ist durchaus berechtigt. Indessen sollte die harte Umsetzung von Reformen in den Bereichen, von denen der Staat meinte, sich die alten Wege nicht mehr leisten zu können, nicht darüber hinwegtäuschen, dass sich zwar die realen Lebensbedingungen geändert haben, dass China aber nach wie vor stark von sozialistischen Vorstellungen geprägt ist. Die Staatsstruktur des Demokratischen Zentralismus garantiert die volle Kontrolle der Kommunistischen Partei über alle Lebensbereiche, an den Universitäten sind nach wie vor regelmäßige Unterrichtseinheiten in Marxismus-Leninismus für jeden Studenten Pflicht, und auch wenn diese dem westlichen Besucher gegenüber grundsätzlich beteuern, sich dabei zu langweilen und niemals zuzuhören, prägen marxistische Vorstellungen das Geschichts- und das Gesellschaftsbild durchgängig. Vokabeln wie «Feudalismus» oder «Sklavenhaltergesellschaft» sind für die Erklärung historischer Abläufe und gesellschaftlicher Prozesse omnipräsent, die Beurteilung der Kulturrevolution geschieht nach den Maßgaben kommunistischer, nicht westlicher Historiographie.

Obwohl also de facto in vielen Bereichen ein harter Kapitalismus zu herrschen scheint, ist die Rhetorik doch nach wie vor von gegenteiligem Denken bestimmt. Die sozialistische Grundprägung von chinesischen Gesprächspartnern ist auf keinen Fall zu unterschätzen. Wer Profit macht, der verbirgt dies gerne unter dem Mantel der Gemeinnützigkeit. So bietet sich insgesamt ein überaus zwiespältiges Bild. Obwohl für Auswüchse des chinesischen Wirtschaftswunders hierzulande gerne der Begriff «Raubtierkapitalismus» verwendet wird, wird der Sozialismus noch auf lange Sicht die Deutungshoheit für die gesellschaftlichen Entwicklungen und das Argumentationsmonopol bei Entscheidungsprozessen für sich beanspruchen dürften.

Wirtschaft

36. Warum ist China wirtschaftlich so erfolgreich?

Der wirtschaftliche Aufschwung Chinas ist für viele Menschen ein erstaunliches Phänomen: Ein sozialistisches Land kümmert sich anscheinend nicht um seine politische Ausrichtung, sondern schockiert die Konkurrenz mit Wachstumsraten, die es so in keinem anderen großen Land der Welt gibt. Noch vor 15 Jahren wurden die chinesischen Staatsunternehmen als reformunfähige industrielle Dinosaurier belächelt, heute beliefert die chinesische Exportwirtschaft die Welt mit ihren Produkten. Woher kommt dieser Erfolg?

Darauf gibt es mehrere Antworten. Einerseits ist zu bedenken, dass das Niveau, von dem aus das bevölkerungsreichste Land der Erde seine Aufholjagd begann, extrem niedrig war und dass das Bruttoinlandsprodukt pro Kopf auch heute immer noch gering ausfällt. Fesseln, die der Wirtschaft angelegt waren, wurden abgestreift. Dies setzte ein natürliches Wachstum in Gang, weil vor allem mittlere Betriebe, die in Gemeindehand waren, lange Zeit nur auf eine Gelegenheit gewartet hatten, in Konkurrenz zu Außenhandelsgesellschaften und großen Staatsbetrieben treten zu können. Auch Privatunternehmen leisteten ihren Beitrag zum Wachstum. Der wichtigste Faktor für den Erfolg aber war das Verhalten des Auslandes. Eine der ersten Maßnahmen der Reform- und Öffnungspolitik Deng Xiaopings war die Errichtung von Sonderwirtschaftszonen, in denen ausländische Unternehmen steuerfrei oder zu sehr geringen Steuersätzen produzieren konnten. Diese Politik, die auch in Wirtschaftszonen außerhalb der ursprünglichen vier Gebiete, die sämtlich in Südchina angesiedelt waren, Nachahmung fand, war so erfolgreich, dass sich das chinesische Bruttoinlandsprodukt mittlerweile zu knapp zwei Dritteln aus dem Außenhandel speist. Daran wiederum sind Unternehmen, die ganz oder teilweise in ausländischer Hand sind, zu über sechzig Prozent beteiligt. Wenn also China im Jahr 2008 Deutschland als Exportweltmeister ablöst, dann liegt dies nicht daran, dass eine ganz eigenständige Industrie aus dem Boden gestampft worden wäre, wie das bei zuvor aufgestiegenen Ländern Ostasien wie Japan, Südkorea oder Taiwan der Fall gewesen ist. Vielmehr ist dafür in nicht unerheblichem Maße die Tatsache verantwortlich, dass ausländisches Kapital in Größenordnungen nach China exportiert wurde, die sonst nur der wirtschaftliche Gigant USA anziehen konnte. Die Strategie Dengs, ausländische Unternehmen mit günstigen Konditionen und der Aussicht auf einen Milliardenmarkt anzulocken, hat dazu geführt, dass die Volksrepublik China heute fast stärker mit der Weltwirtschaft vernetzt ist als Nachbarn wie Japan oder Korea. Die Folge war natürlich auch eine massive gegenseitige Abhängigkeit.

37. Gibt es Arbeitslosigkeit oder Wer sind die Verlierer des Reformprozesses? Offiziell hat China eine Arbeitslosenquote, die bei etwa vier Prozent liegt. Allerdings sind in dieser Zahl nur die etwa 150 Millionen großstädtischen Arbeitskräfte erfasst, die wesentlich größere Bevölkerung, die auf dem Land und in Kleinstädten in der Landwirtschaft, aber auch in der Leichtindustrie arbeitet, ist darin nicht berücksichtigt. Würde diese hinzugezählt, dann stiege die Quote beträchtlich an, wobei die statistischen Ämter der Provinzen mit der Datenaufnahme vermutlich bei weitem überfordert wären. Die Landbevölkerung, die zu Beginn der Reformpolitik Deng Xiaopings Gewinner der Veränderungen war, ist längst zurückgefallen. Ihr Einkommen ist im Vergleich zu den Gehältern der Städter in den letzten Jahren nur schwach gestiegen, und die Überbevölkerung, die weitgehend auf ihr Konto geht, setzt ihr schwer zu. Obwohl die Wachstumsrate offiziell deutlich unter dem Weltdurchschnitt liegt, reicht sie doch dafür aus, dass das Land momentan jährlich um etwa 12 bis 15 Millionen Menschen zunimmt. Chinas Regierung ist deshalb auf Gedeih und Verderb auf wirtschaftliches Wachstum angewiesen, um alle Bewohner zu ernähren.

Obwohl das Problem der Landbevölkerung in China bekannt ist und diskutiert wird, konzentriert sich die Politik bei ihrer Wahrnehmung von sozialen Brennpunkten auf die städtischen Arbeitskräfte, die ein größeres Unruhepotential darstellen. Seit etwa zehn Jahren lässt die chinesische Regierung marode Staatsbetriebe bewusst Bankrott gehen, wenn sie keine Chance mehr für eine Sanierung sieht. Das geschieht zwar in einem kontrollierten Prozess, sorgt aber doch in Industrieregionen, in denen wenig ausländische Investitionen getätigt werden, für erhebliche Schwierigkeiten. Diese werden dadurch verschärft, dass entlassene ältere Arbeitskräfte auf allen Ebenen mit einem Heer junger Schul- und Hochschulabgänger um Arbeitsplätze konkurrieren. Universitätsabsolventen wurden im sozialistischen China einfach auf Firmen und Ämter verteilt. Heute müssen sie sich ihre Arbeit selbst suchen und haben es dabei mindestens so schwer wie ihre Kollegen in Deutschland. De facto dürfte die Arbeitslosigkeit weitaus höher sein, als es die offiziellen Zahlen erkennen lassen.

Um diesem Problem beizukommen, gibt es die Regelung, dass Angestellte in staatlichen Betrieben sehr früh in Rente zu gehen haben: die Frauen im Alter von fünfzig, die Männer im Alter von sechzig Jahren. Da jedoch der Staat früher kein echtes Rentensystem aufgebaut hat, ist der Betrag, den er heute zahlen kann, verschwindend gering. Die «Rentner» sind deshalb gezwungen, sich ein zweites Standbein aufzubauen. Auch sie konkurrieren also mit den Arbeitslosen und den jungen Neuzugängen auf dem Arbeitsmarkt. Ganz hart trifft es Chinas schnell wachsende Gruppe von Alten: Die Einkindehe, die zu Beginn der 1980er Jahre verbindlich eingeführt wurde, hat besser funktioniert, als mancher westliche Beobachter dachte. Allerdings hat sie nicht nur das Bevölkerungswachstum gesenkt, sondern auch dafür gesorgt, dass die Alten von den Jungen nicht mehr finanziert werden können. Da zudem das Krankenversicherungssystem noch in den Kinderschuhen steckt, haben viele alte Menschen kaum eine Möglichkeit, ärztliche Leistungen zu bezahlen. Der sogenannte Gini-Koeffizient, der angibt, wie weit das reichste Zehntel der Bevölkerung eines Landes vom ärmsten entfernt ist, steht in China bereits ungünstiger als in den USA, für die extreme soziale Gegensätze ebenfalls charakteristisch sind. Die Schere öffnet sich immer weiter, so dass soziale Probleme zahlreich sind.

38. Welche Gebiete sind reich und welche arm?
Wirtschaftlich gut geht es Chinas Ostküstengürtel. Im Norden sorgen die Nachbarn Korea und Japan für einen starken Zustrom an Direktinvestitionen, im Süden bedienen Taiwan und Hongkong das Land mit einem steten Kapitalfluss. Auch die europäischen und amerikanischen Unternehmen haben sich bisher mit Vorliebe in der Nähe der drei Groß-

städte Peking, Shanghai und Kanton angesiedelt, weil sie dort auf eine bestehende Infrastruktur aufbauen können. Neben Schwerreichen, die geschickt genug sind, am allgemeinen Aufschwung zu verdienen, entsteht hier allmählich auch eine bürgerliche Mittelschicht, die in dem im Umfeld der neu angesiedelten Industrie rasch wachsenden Dienstleistungssektor arbeitet und zu der mittlerweile hundert bis zweihundert Millionen Menschen gehören. In echten Schwierigkeiten sind in diesem Gebiet nur die ehemals fortschrittlichen Provinzen Liaoning und Hebei, deren Wirtschaft einen hohen Anteil an Bergbau und alter, nicht mehr konkurrenzfähiger Schwerindustrie aufweist. Am günstigsten ist die Situation im Yangzi-Delta mit der Stadt Shanghai im Zentrum sowie im Perlflussdelta mit der Provinzhauptstadt Kanton. Hier liegt das Bruttoinlandsprodukt pro Kopf zum Teil deutlich über demjenigen schwächerer Mitglieder der Europäischen Union.

Obwohl die chinesische Regierung in den letzten Jahren massiv in Infrastrukturprojekte investierte, profitieren die Provinzen des Hinterlandes vom Direktinvestitionsboom bisher nur in geringerem Maße. Auch wenn sich hier einiges getan hat und durchaus Wachstum stattfindet, liegt die Wirtschaftskraft doch noch weit hinter derjenigen der Küstenprovinzen. Die eigentliche Problemzone Chinas ist indessen der Nord- und der Südwesten mit den Provinzen Xinjiang, Tibet, Gansu, Ningxia und Qinghai auf der einen sowie Sichuan, Yunnan, Guangxi und Guizhou auf der anderen Seite. Noch tragen Bemühungen, den Westen gezielt zu fördern, keine Früchte – im Gegenteil: Hier finden sich zahlreiche Gebiete, die auch im weltweiten Maßstab eine Klassifizierung Chinas als Entwicklungsland gerechtfertigt erscheinen lassen.

39. Warum ist «made in China» so billig?   Große Teile der Textil- und Elektronikimporte nach Deutschland kommen aus China. Zum Teil werden sie von ausländischen Tochterunternehmen gefertigt, wenn sie richtig billig sind, stammen sie indes häufig aus echter einheimischer Produktion. In anderen Ländern der Welt ist festgestellt worden, dass ein positiver Effekt durch den Export von Billigprodukten normalerweise nur etwa zehn Jahre möglich ist, weil sich die Arbeitskraft mit zunehmendem wirtschaftlichem Erfolg verteuert, so dass schnell das Niveau der Konkurrenz erreicht ist. In China wirken dieser ökonomischen Grundregel das aufgrund des steten Bevölkerungswachstums riesige Potential an Arbeitskräften und die regionalen Ungleichgewichte entgegen. Da die Landwirtschaft vor allem in Westchina die Bevölkerung nicht mehr ernähren kann, sind Familienmitglieder, die nicht gebraucht werden, gezwungen, ihre Heimat zu verlassen und sich eine neue Beschäftigung zu suchen. Der Anteil der in der Landwirtschaft beschäftigten Menschen ist in den vergangenen fünfzehn Jahren von über siebzig auf knapp unter fünfzig Prozent gesunken, die allerdings nur noch etwa fünfzehn Prozent zur Wirtschaftsleistung Chinas beitragen. Zwar sind viele Arbeitskräfte von auf dem Land oder in ländlich strukturierten Städten entstandenen Unternehmen aufgesogen worden, doch sind zahlreiche Menschen auch in ganz anderen Teilen des Landes auf Arbeitssuche gegangen. Auf über 150 Millionen Menschen wird das Heer der Binnenmigranten mittlerweile geschätzt, die in den ostchinesischen Küstengürtel strömen, um sich dort als Tagelöhner, Wander- oder Vertragsarbeiter oder auch in einfachen Dienstleistungsbetrieben zu verdingen. Obwohl in der Küstenregion viele Preise – nicht aber die Gesamtinflation, die seit einigen Jahren fast inexistent ist – schnell steigen, hält dieser ständige Zustrom an billiger Arbeitskraft die Produktionskosten für einfache Lohnfertigung niedrig. Die Löhne, welche die Arbeiter und Arbeiterinnen erhalten, reichen nämlich immer noch dazu aus, um die darbende Familie daheim zu unterstützen. Dafür nehmen viele Menschen härteste Arbeitsbedingungen auf sich. Erst in jüngster Zeit ist erstmals davon die Rede gewesen, dass bestimmte besonders boomende Branchen der chinesischen Industrie Schwierigkeiten haben, genügend Arbeitskräfte zu finden.

40. Werden ausländische Unternehmen durch die Verlagerung von Arbeitsplätzen nach China reich? Hauptsächlich zwei Motive treiben ausländische Unternehmen dazu an, Produktionsstätten in China aufzubauen: Einerseits kommen sie, weil sie darauf hoffen, ihre Herstellungskosten senken und von China aus den Weltmarkt günstiger bedienen zu können. Andererseits – und dies ist zumindest für die meisten deutschen Unternehmen der noch wichtigere Grund – haben sie den Markt von mehr als einer Milliarde Menschen im Auge. Während im überwiegenden Rest der Welt die Märkte aufgeteilt und deshalb nur noch geringe Wachstumsraten zu erzielen sind, ist China für die Firmen einer der letzten weißen Flecken auf der Landkarte des Marktes, in dem gigantische Umsätze zu winken scheinen.

Manches Unternehmen hat indessen erfahren müssen, dass die Rechnung wesentlich schwieriger ist als erwartet. Das Einkommensgefälle ist riesig. Firmen, die bei der Herstellung ihrer Produkte kompliziertere Prozesse zu bewältigen haben, sind auf qualifizierte Arbeitskräfte angewiesen. Da sich aber in der Küstenregion innerhalb sehr kurzer Zeit eine sehr große Anzahl von ausländischen Unternehmen angesiedelt hat, sind solche Mitarbeiter rar und stark umworben. Das treibt die Kosten hoch, zumal Chinesen, wie vielfach beklagt wird, ihren westlichen Arbeitgebern gegenüber weniger loyal sind, als diese es aus anderen Weltregionen gewohnt sind. Auch Mieten sind verhältnismäßig teuer, und bei der Versorgung mit Strom kommt es nicht selten zu unliebsamen Überraschungen.

Zwar wächst auch die Wirtschaft Zentralchinas, doch stellt sich für manchen Unternehmer der Traum vom Milliardenmarkt als Seifenblase heraus, denn der Preis vieler westlicher Produkte liegt außerhalb des Budgets des Durchschnittschinesen. Sinnvoller ist es, den chinesischen Markt in verschiedene Segmente einzuteilen und mit einem Kundenpotential zu kalkulieren, das immer noch beträchtlich ist, aber nur einen Bruchteil der 1,3 Milliarden Chinesen ausmacht. Klagen gibt es schließlich über das undurchsichtige Gestrüpp an Bürokratie, Beziehungswirtschaft und Korruption.

Aufgrund der genannten Probleme ist immer wieder zu hören, dass ausländische Unternehmen in China nur Verluste machen. Weil sich aber kaum eine Firma in die Karten schauen lässt, ist diese Auffassung genauso wenig nachprüfbar wie die gegenteilige Annahme. Grundsätzlich gilt, dass sich große Unternehmen mit einem Engagement in China leichter tun als kleine oder mittelständische, weil sie unerwartet auftretende Belastungen, mit denen immer zu rechnen ist, leichter kompensieren können. Der chinesische Staat hat ein genuines Interesse an ausländischem Engagement. Es wäre naiv, anzunehmen, dass er die Gans schlachtet, solange sie goldene Eier legt. Natürlich verbindet er mit Investitionen eigene Interessen, die er befriedigt sehen möchte. Diese bestehen direkt darin, dass Ausländer Probleme auf dem Arbeitsmarkt zu lösen haben, oder indirekt darin, dass sie Technologietransfer betreiben. Das Ausmaß der Erfüllung dieser Anforderungen bestimmt den Geschäftserfolg maßgeblich mit. Die Bandbreite der Erfahrungen ist beträchtlich.

41. Wird China Deutschland bald zu einem Freizeitparadies ohne nennenswerte industrielle Fertigung machen? Immer wieder ist die These zu hören, dass Deutschland abgewirtschaftet habe und in absehbarer Zeit industriepolitisch nur noch in einzelnen Nischen werde mithalten können, weil China das Tempo der Weltwirtschaft bestimme. In der Tat scheint das Wachstumstempo des Landes so beängstigend, dass man die These für plausibel halten könnte. Indessen sollte bei aller China-Euphorie nicht vergessen werden, dass die sozialen Probleme des Landes massiv sind und zu einer Wachstumsbremse werden könnten. Trotz einer hohen Zahl von jährlich angemeldeten Patenten bringt China eigene technologische Neuerungen bisher nur in geringem Maße voran. Es bezeichnet sich gerne als «verlängerte Werkbank» der Welt. Gegen eine große Zahl billiger Produkte aus China wird sich Deutschland im eigenen Interesse nicht wehren können. Sie halten unsere Preise niedrig und sorgen für eine Stabilisierung des labilen sozialen Gleichgewichts in China. Daran sollte allen Beteiligten gelegen sein.

Von einer Position, in der es den deutschen Unternehmen flächendeckend den Rang ablaufen könnte, ist das Land aber viel weiter entfernt, als dies manche Journalisten glauben machen wollen. Dazu fehlt noch eine Ingenieur-Elite, die eigene Produkte in großem Maßstab zur Marktreife bringen könnte. Zwar haben mittlerweile viele Chinesen einen Ingenieurabschluss, doch klagt die ausländische Industrie darüber, dass ihr theoretisches Wissen zwar gut, die Fähigkeit zur praktischen Umsetzung aber kaum ausgeprägt sei. Für die weitere Entwicklung Chinas wird viel davon abhängen, ob es gelingen wird, diese Diskrepanz zwischen hoher theoretischer Bildung und schwacher Anwendungsorientierung zu überwinden.

42. Welche Rolle spielen Staatswirtschaft und Banken? Im Jahr 2006 gingen gleich mehrere Großbanken in China an die Börse. Die Industrial and Commercial Bank of China erlöste dabei sogar 22 Milliarden US-Dollar und erzielte damit die weltweit größte jemals bei so einem Anlass erreichte Kapitalzufuhr. Ausländische Banken wollen mit dabei sein und kaufen sich in Chinas Finanzwelt ein. Experten sind darüber erstaunt, denn seit Jahren gibt es Gerüchte, denen zufolge Chinas Banken auf faulen Krediten im Wert von mehreren hundert Milliarden US-Dollar sitzen.

Die Staatsunternehmen waren lange Zeit Arbeitgeber für einen

Großteil der städtischen Arbeitnehmer. Da sie viel zu viel Personal hatten und mit veralteter Technologie ausgestattet waren, arbeiteten nur sehr wenige von ihnen profitabel. Um soziale Unruhen zu vermeiden, wurden die Unternehmen durch die Staatsbanken großzügig finanziert. So sammelten sich bei den chinesischen Banken im Laufe der Jahre immer höhere Summen uneinbringlicher Kredite an, die sie daran hinderten, kleinen und mittleren Unternehmen unter die Arme zu greifen. Diese Konstellation führte Mitte der 1990er Jahre dazu, dass man sich entschloss, die ersten Staatsbetriebe in Konkurs gehen zu lassen und Arbeitskräfte in die Arbeitslosigkeit zu schicken. Dennoch sind die Staatsbetriebe in den Städten nach wie vor die bei weitem wichtigsten Arbeitgeber und werden dies auf absehbare Zeit auch bleiben. Ausländische Unternehmen, die für einen hohen Anteil der Wirtschaftsleistung verantwortlich sind, beschäftigen nämlich nur einen geringen Bruchteil der Arbeitnehmer. Zwar gibt es einzelne Staatsbetriebe, die gut gehen, doch ist der größere Teil von ihnen noch immer auf Unterstützung angewiesen. Diese muss der Staat mittelfristig auch gewähren, da die soziale Situation sonst leicht außer Kontrolle geraten könnte.

Traditionell waren die Banken Befehlsempfänger des Staates. So entstand eine Dreiecksverschuldung, die die Finanzinstitute in ihrer Bewegungsfreiheit einschränkte. Da der Staat die Banken jedoch für private Kapitalgeber interessant machen wollte, gründete er Auffanggesellschaften, in die die faulen Kredite verlagert wurden. Das beschert den Banken zwar zunächst einmal Luft, doch wird der längerfristige Erfolg dieser Maßnahmen davon abhängen, ob der Staat ein anderes Mittel zur Finanzierung seiner Unternehmen findet. Auf der anderen Seite darf man nicht vergessen, dass China aufgrund des Booms bei den Direktinvestitionen auch zum Weltmeister im Bereich ausländischer Devisenreserven geworden ist: Über seine Banken hält es ausländische Währung in Höhe des Wertes von deutlich über einer Billion US-Dollar. Insofern bestehen durchaus Spielräume, um finanzielle Schwierigkeiten abzufedern, falls der politische Wille dazu da ist.

43. Wofür sparen die Chinesen? Seit mehreren Jahren sorgt sich die chinesische Regierung darum, dass ihr Volk zu wenig Geld ausgibt. Obwohl Chinesen im Grunde gerne konsumieren, legen sie eine große Sparsamkeit an den Tag. Das hat zum einen mit Wünschen zu tun: Nachdem viele Angestellte vor zehn Jahren dazu gedrängt oder sogar gezwungen worden waren, den Staatsbetrieben die Wohnungen abzukaufen, in denen sie lebten – zu zwar verhältnismäßig günstigen Preisen, gleichzeitig aber auch unter strengen Einschränkungen für eine Wiederveräußerung –, hat sich die Mittelschicht in den großen Städten des Ostens auch den Wunsch nach den notwendigsten Haushaltsgeräten erfüllt. Der Gegenstand, der die Phantasie am meisten anregt, ist ein Auto, dessen Anschaffung ein realistisches Ziel ist. Seine Verwirklichung zwingt die Chinesen allerdings dazu, sonstige Ausgaben für den schnellen Konsum zurückzustellen.

Ein wichtigerer Grund für die Kaufzurückhaltung ist jedoch eine weitverbreitete Angst vor der Zukunft. Drei Bereiche vor allem legen Sparsamkeit nahe: Einerseits kostet die Vorsorge für das Alter viel Geld, da es bisher noch immer nur wenige Chinesen gibt, die eine Versicherung abgeschlossen haben, die ihr Geld wert ist, und überdies in den nächsten Jahren aufgrund der Einkindehe der Prozentsatz der Alten an der Gesamtbevölkerung stark zunehmen wird. Für das Jahr 2040, in dem die Kinder der geburtenstarken Jahrgänge aus den 1970er Jahren die Rente erreicht haben werden, erwartet man sogar, dass mehr als ein Viertel aller Chinesen über sechzig Jahre alt sein wird. Ein zweiter Punkt sind die Wohnungen, die abbezahlt werden müssen. Vielleicht noch wichtiger als diese beiden Gründe sind die rapide ansteigenden Ausbildungskosten. Die Eltern einer ganzen Generation von Einzelkindern wünschen sich für ihren Nachwuchs die bestmöglichen Bedingungen. Bildung aber ist so teuer geworden, dass nur noch derjenige damit rechnen kann, den eigenen Kindern gute Startchancen zu geben, der in der Lage ist, viel zu zahlen.

Es ist kein Zufall, dass das erste weltweite Hochschulranking vor vier oder fünf Jahren in Shanghai erstellt wurde: Schon immer war man sich in China sehr genau bewusst, welches die Topuniversitäten des Landes sind. Wie in Japan oder Korea ist ein Abschluss an einer dieser Hochschulen nötig, um in Führungspositionen zu gelangen. Bezogen auf das Einkommen der Eltern sind die Studiengebühren an Chinas besten Universitäten höher als in den USA. Doch um dahin zu kommen, ist außer Geld auch noch ein gutes Mittelschulexamen nötig. Dieses wiederum erlangt man durch Nachhilfeunterricht. Selbst für die Primarstufe gibt es mittlerweile teure Privatschulen. Die Sparzwänge für die chinesische Durchschnittsfamilie sind also erheblich, auch wenn dies auf den ersten Blick in Europa anders aus-

sehen mag, weil Chinesen in immer stärkerem Maße für die europäische Tourismusbranche interessant werden.

44. Welchen Stellenwert hat die Umwelt?

Schwarze Flüsse, die das Trinkwasser von Millionen Menschen vergiften, ein von rücksichtsloser Industrieproduktion grau verschleierter Himmel, durch den die Sonne nur fahles Licht sendet, Autoabgase, die den CO_2-Ausstoß der Welt potenzieren – China scheint der Zustand seiner Umwelt ziemlich egal zu sein. In der Tat hat die Sorge um die unberührte Natur in China keine Tradition, und nicht selten haben Chinesen in der Vergangenheit die westliche Angst vor der Umweltverschmutzung mit einem müden Lächeln quittiert. Sorgloses Fortwerfen nicht abbaubarer Abfälle in der Natur, Plastik- oder Styropormüllberge in ehemals schöner Landschaft scheinen das Bild abzurunden: Wer sein

Leben in beengtesten Verhältnissen zugebracht hat und trinkbares Wasser aus der Leitung nur aus westlichen Filmen kennt, lässt sich, solange er nicht selbst direkt von einer Umweltkatastrophe betroffen ist, nicht so leicht von der von außen kommenden Vorstellung beeindrucken, Sparsamkeit im Umgang mit den Ressourcen sei einem Wachstum der Wirtschaft vorzuziehen.

Dennoch ist das Thema weniger eindimensional, als der nur mittelbar betroffene europäische Beobachter meinen könnte. So stellen chinesische Zeitungen schon seit zehn Jahren regelmäßig Indizes der Städte auf, die weltweit den höchsten Grad an Luftverschmutzung erreichen, und stellen dabei mit genüsslicher Selbstkritik fest, dass sich unter den zehn am schlimmsten betroffenen Städten sieben chinesische Namen finden. Die besorgniserregende Zunahme tödlicher Atemwegserkrankungen wird offen diskutiert und kritisch darauf verwiesen, dass im Lande viel zu wenig geschieht.

Wer genau hinschaut, stellt aber bald fest, dass China mit seinen Problemen nicht allein dasteht. Listen der «am stärksten verschmutzten Städte» werden seit Jahren in aller Welt publiziert. Zwar findet sich darauf regelmäßig immer auch ein chinesischer Name, doch kommen die Hauptumweltsünder je nach Heimatbasis oder Erkenntnisinteresse der recherchierenden Autoren aus Indien, Russland, Mittelasien oder Südamerika. Was China bei der Behandlung dieses Problems wieder einmal besonders relevant macht, ist nicht eine besonders nachlässige Einstellung, sondern die Tatsache, dass das Land mit seinen 1,3 Milliarden Einwohnern ein Fünftel der Weltbevölkerung repräsentiert. Indizien, die darauf hinweisen, dass es dort möglicherweise mehr umweltsensible Beobachter gibt als in manchem anderen Entwicklungsland, werden leicht übersehen. Legendär war zum Beispiel die Maßnahme, mit der von einem Tag auf den anderen in Peking besonders stark umweltverschmutzende Taxis aus dem Verkehr gezogen wurden – ein spektakuläres Durchgreifen, das in Deutschland völlig undenkbar wäre. Als 2006 ein niederländisches Schiff europäischen Giftmüll illegal nach Afrika verbrachte, registrierte man dies in China mit großem Missfallen, weil es als Ausdruck der alten kolonialen Gesinnung aufgefasst wurde, die bei ihren Standards grundsätzlich mit zweierlei Maß misst. Europäische Chemieunternehmer haben erstaunt feststellen müssen, dass sie beim Aufbau von Produktionsanlagen in China ebenso scharfe Umweltauflagen zu beachten hatten wie zu Hause – wenn es auch für chinesische Unternehmen allerhand Schlupflöcher gibt, durch die diese Auflagen umgangen werden können. Neben dem Bevölkerungsdruck ist zwar auch die schnelle Neuindustrialisierung in zentral kaum zu kontrollierenden Regionen dafür verantwortlich, dass diese Maßnahmen das Problem nicht lösen. Hauptfeind der Umwelt in China ist aber der hohe Altbestand an industriellen Anlagen, der aus Kostengründen nicht einfach durch moderne Technik ersetzt werden kann. Dies würde die Firmen überfordern und damit Werksschließungen und Arbeitslosigkeit mit sich bringen.

45. Welche bedeutenden Städte Chinas kennt man in Europa nicht? China hat im Augenblick fast vierzig Großstädte mit mehr als einer Million Einwohnern. Erstaunlicherweise finden sich aber in der Liste der großen Metropolen, die die Vereinten Nationen im Jahr 2005 als Agglomerationen definierten, in denen Menschen von zu Hause zur Arbeit und wieder zurück pendeln, unter den ersten dreißig nur vier chinesische Namen, die auch noch relativ weit hinten plaziert sind: Während Tokyo, Seoul und Mexiko City auf den ersten drei Rängen stehen, folgt Shanghai als größte chinesische Agglomeration mit über 14 Millionen Einwohnern erst auf Rang 9 und Peking mit 10,7 Millionen auf Rang 23. Guangzhou steht an 26. und Shenzhen, die erst 1979 neugegründete Stadt an der Grenze zu Hongkong, an 30. Stelle. Erst wenn man die Dichte der Bevölkerung, also die Anzahl von Einwohnern pro Quadratkilometer, in die Berechnung mit einbezieht, schiebt sich Shanghai weiter nach oben, liegt aber immer noch weit hinter vielen indischen und südostasiatischen Städten. Chinesische Städte sind also im weltweiten Maßstab gar nicht so groß, wie man dies manchmal annimmt.

Wichtig ist indessen, dass hier mit insgesamt 15 die meisten großen Metropolen weltweit liegen, was bedeutet, dass zumindest in der Osthälfte des Landes die Einwohnerzahl sehr gleichmäßig verteilt ist. Es gibt also nicht wie in anderen Ländern einzelne dicht besiedelte Regionen einerseits und riesige menschenleere Gebiete andererseits. Guiyang, die Hauptstadt der Provinz Guizhou, zum Beispiel hat nach dieser Zählung immer noch weit über drei Millionen Einwohner, Xi'an, Chengdu und Shenyang zählen alle über vier Millionen, und Chongqing, Wuhan und Tianjin liegen sogar im Bereich von sechs bis sieben Millionen Einwohnern. Doch wer kennt schon Harbin oder Zhengzhou, Shijiazhuang oder Jilin, vier beliebig herausgegriffene

Städte, die ebenfalls über oder an die zwei Millionen Einwohner aufweisen? Namen wie Rongcheng, Huainan oder Anshan, die knapp über eine Million Einwohner zählen, dürften schließlich nur noch den wirklich Eingeweihten bekannt sein. Für Städter in China ist es eher die Regel, in einer Millionenstadt zu Hause zu sein, als die Ausnahme.

46. Warum baut man riesige Staudämme und Kanäle?

Ein Beispiel, anhand dessen in Europa die Rücksichtslosigkeit chinesischer Politik besonders häufig dokumentiert wird, ist der Bau des Drei-Schluchten-Staudammes am Yangzi, dem eine uralte, von chinesischen Dichtern immer wieder besungene Kulturlandschaft zum Opfer gefallen ist und für den Millionen Menschen umgesiedelt werden mussten – zum Teil unter Vorspiegelung falscher Versprechungen. Weil die Folgen der Aufstauung für die Umwelt und auch das Gefahrenpotential des Projektes nicht endgültig einzuschätzen sind, gab es fast ein Drittel Nein-Stimmen im Nationalen Volkskongress, dem chinesischen Parlament, als darüber abgestimmt werden musste. Eine so hohe Ablehnungsrate hatte es in diesem Gremium, von dem man Ergebnisse im Bereich zwischen 98 und 100 Prozent Zustimmung gewohnt war, selten gegeben. Gegner der Talsperre befürchten einen etwa durch ein Erdbeben ausgelösten Bruch der hundert Meter dicken Mauer. Bei einem solchen Dammbruch, der allerdings kein sehr wahrscheinliches Szenario darstellt, könnten Millionen Menschen ums Leben kommen.

Mit dem Bau, der ein Lieblingsprojekt des Ingenieurs und ehemaligen Ministerpräsidenten Li Peng war, beabsichtigt man zwei Probleme zu lösen: Einerseits soll unter Einsatz von möglichst wenig Fremdenergie ein Maximum an Strom erzeugt werden, an dem chronische Knappheit herrscht. Andererseits verbindet sich damit die Hoffnung, die Hochwasser des Yangzi besser in den Griff zu bekommen, denen alljährlich eine große Zahl von Menschen zum Opfer fällt. Ob sich die hochfliegenden Erwartungen erfüllen werden, lässt sich nicht absehen. Zwar sind die 26 Turbinen bereits in Betrieb, doch läuft das Wasser noch ein.

2002 genehmigte die chinesische Regierung ein weiteres Projekt, dessen Ziel es ist, durch den Bau von Kanälen Wasser aus dem Süden nach Nordchina umzuleiten. Der Norden, vor allem die Stadt Peking, ist seit Jahren von einer Dürre betroffen. Dies hat sogar schon zu Diskussionen darüber geführt, ob die Stadt auf absehbare Zeit Hauptstadt bleiben könne, weil der Trinkwasserspiegel gefährlich gesunken ist und auch die Wasservorräte der in der Umgebung der Stadt liegenden Stauseen nicht mehr sehr lange vorhalten werden. Vergleichbare Projekte, die in den 1980er Jahren in der Sowjetunion erdacht worden waren, hatte man dort aufgrund der Unwägbarkeiten und technischen Schwierigkeiten fallen lassen. In China jedoch herrscht ein unbeirrbarer Glaube an die technische Machbarkeit. Dabei ist an Karl Wittvogels berühmtes Buch «Die orientalische Despotie» zu erinnern, in dem er China als «hydraulische Gesellschaft» bezeichnet hat, weil seine Herrscher die Ausübung ihrer Macht seit frühesten Zeiten vor allem dadurch legitimieren konnten, dass sie große Wasserbauprojekte durchführten, dem Volk dadurch Gefahrenquellen beseitigten und ein besseres Leben ermöglichten.

47. Bedroht China die Weltwirtschaft? Von Napoleons «Wenn China sich erhebt» über die «Gelbe Gefahr» und die Hunnenrede Kaiser Wilhelms II.: Das moderne Europa hat sich schon immer vor dem Potential Chinas gefürchtet. Warnungen vor einer Deindustrialisierung des Westens reihen sich in diese Kette von Kassandrarufen ein. Anders als in früheren Zeiten allerdings hat die Globalisierung tatsächlich dazu geführt, dass Auswirkungen der Veränderungen in China auch in Europa zu spüren sind: Die schwäbische Textilindustrie zum Beispiel unterhält nur noch kleine Dienstleistungszentralen zu Hause, lässt aber in Südchina fertigen. Die italienische und die spanische Schuhindustrie können sich der Konkurrenz aus Asien kaum mehr erwehren, und die Elektronikbranche scheint das nächste Opfer der chinesischen Expansion zu werden. Billige Autos aus Fernost stehen ebenfalls schon vor der Tür. In den USA beklagt sich die amerikanische Regierung darüber, dass ihre Handelsbilanz vor allem deshalb tiefrot ist, weil sie im Verkehr mit China ein jährliches Minus in Höhe von über hundert Milliarden US-Dollar aufweist.

Schlimmer noch ist die Angst vor einem großen Zusammenbruch des Landes. «The Coming Collapse of China» heißt ein populäres Buch, in dem vor einigen Jahren alle Probleme, vor denen China stand, zusammengefasst wurden zu einem Schreckensszenario für die Zukunft. Das Buch bündelte die Stimmen, die seit 30 Jahren vor einem Rückfall ins Chaos warnen. Im Hintergrund steht die Sorge, der Westen könne schon so tief im chinesischen Sumpf stecken, dass seine Wirtschaft im Krisenfall ernsthaft in Mitleidenschaft gezogen würde. Mittlerweile hat ein großer Teil der multinationalen Konzerne in China investiert. Das bringt neue Abhängigkeiten mit sich. Sollte es dort, wie von Crash-Propheten vorhergesagt, zu Erschütterungen der Größenordnung von 1989 kommen, dann könnten sie nicht mehr wie damals durch eine Politik der China-Abstinenz reagieren. Das Geld zurückzuziehen wäre schlicht zu kostspielig.

Noch ein drittes Thema gehört hierher: China hält zusammen mit Japan die größten Dollar-Reserven der Welt. Würde das Land sich aus politischen Gründen dazu entschließen, diese in Euro oder Yen umzutauschen, wären die Auswirkungen auf den Kurs der US-Währung katastrophal. Doch natürlich würde sich China damit selbst schaden; denn da es sein Geld nicht schnell genug abziehen könnte, wären die eigenen Ersparnisse minimiert. Eine ähnliche Relativierung ist auch bei den anderen angesprochenen Themen angesagt: Gäbe es keine chinesischen Billigexporte, wäre das Leben in den USA und in Europa wesentlich teurer. Die Preisstabilität, die wir über eine zuvor unerreichte Zeitspanne genießen, wäre Geschichte. Deutsche Produkte gelten in China nach wie vor als qualitativ unerreicht; und es wird noch einer langen Aufholjagd bedürfen, bis rein chinesische Firmen dieselben Standards erzielen wie westliche Tochterunternehmen. Der wirtschaftliche oder politische Zusammenbruch eines Staates ist natürlich nie auszuschließen – doch erstaunlicherweise wird er China gerne vorhergesagt, anderen Giganten (wie zum Beispiel Indien), die ähnliche soziale Probleme vor sich herschieben, jedoch nicht. Insofern erscheint es ratsam, Untergangsszenarien etwas gelassener zu betrachten.

48. Gibt es ein Privatrecht? In vielen älteren Einführungen zur chinesischen Kultur ist zu lesen, dass das alte China ein Privat- oder Zivilrecht nicht gekannt habe. Der Gang zum Magistraten sei grundsätzlich mit einem strafrechtlichen Aspekt verbunden gewesen. Wer einen anderen vor Gericht beschuldigte, sei immer Gefahr gelaufen, selbst in ein schlechtes Licht zu geraten. Dies sei der Grund dafür, warum Chinesen auch heute noch den Gang zum Gericht scheuten.

Diese Auffassung, die gerne auch mit entsprechenden Aussprüchen des Philosophen Konfuzius garniert wird, ist aber bestenfalls halb richtig. In der Tat sind in den Quellen seit zwei Jahrtausenden zahlreiche Fälle von Land- oder Geldstreitigkeiten bezeugt, die vor

Gericht gebracht wurden. Insofern ist klar, dass zu den Aufgaben eines Distriktmagistrates selbstverständlich auch die Klärung zivilrechtlicher Fragen gehörte. Allerdings ist die Institution des Schiedsrichters, der häufig Privatmann aus einer der örtlichen Honoratiorenfamilien und nicht Mitglied der staatlichen Bürokratie war, aus dem chinesischen Leben nie wegzudenken gewesen. Auch heute kommt der Schiedsgerichtsbarkeit große Bedeutung zu. Dabei stellt sich indes die Frage, ob es dafür neben der chinesischen Tradition nicht auch andere Gründe gibt. Unter Mao Zedong gab es nämlich keine echte Richterausbildung. Bis heute sind im Richteramt deshalb viele Nichtjuristen, die häufig zuvor im Militär tätig waren. Vertrauen in deren Kompetenz hing grundsätzlich von der einzelnen Person, niemals vom System ab. Dieser Sachverhalt ändert sich aber im Augenblick in hohem Tempo. Auch an Chinas Universitäten gibt es nun juristische Fakultäten, die rechtskundiges Personal ausbilden, das Streitfragen gesetzeskonform zu lösen hat. Die Anzahl der chinesischen Rechtsanwälte hat sich in den letzten Jahren potenziert. Zudem wird fieberhaft am Aufbau eines Rechtsrahmens gearbeitet, so dass sich parallel zur Vermehrung des juristischen Personals auch die Zahl der Gesetze rasant erhöht hat. Dabei geht China ganz systematisch vor: Es schickt Kommissionen zum Studium bestimmter Regelungen nach Europa und in die USA und beschließt dann, welche Version übernommen werden soll. Übrigens orientiert sich China, genauso wie dies in Japan im 19. Jahrhundert der Fall war, mit Vorliebe am deutschen Recht.

49. Sind die Chinesen geborene Fälscher?

Seit Jahren häufen sich die Klagen westlicher Unternehmen über chinesische Raubkopien ihrer Produkte in einem Maß, das sonst auf der Welt nicht erreicht wird. Mancher Unternehmer machte die schmerzliche Erfahrung, dass er ein Joint-Venture mit einem chinesischen Partner aufbaute und einige Zeit später feststellen musste, dass dieser selbst oder Mitarbeiter des Unternehmens im Nachbarort eine Fabrik hochzogen, in der sie ungeniert dasselbe Produkt herzustellen begannen und dann für einen niedrigeren Preis verkauften. Nicht allein der entgangene Gewinn schmerzt dabei. Schlimmer ist oft der Imageschaden, der aus qualitativ schlechten Billigprodukten entsteht, die für westliche Ware gehalten werden.

Immer mehr macht sich die Auffassung breit, Chinesen hielten sich an keinerlei Patentverpflichtungen. Da man sich diesen unerhörten Vorgang anders nicht erklären kann, müssen die kulturellen Wurzeln herhalten: Im Konfuzianismus sei es so, dass man den Erfinder eines Werkes am besten ehre, indem man dieses hemmungslos und möglichst originalgetreu kopiere. In der Tat gibt es unter den Aussprüchen des Konfuzius auch die Aussage: «Ich überliefere nur und schaffe nicht selbst», mit der das siebte Kapitel seiner «Gespräche» beginnt. Der Satz hat schon in den vergangenen zweitausend Jahren für viel Verwirrung gesorgt; wer sich nämlich anmaßte, selbst neue Systeme zu entwerfen, musste immer damit rechnen, ihn vorgehalten zu bekommen. Doch ist er wirklich schuld daran, wenn im heutigen China Raubkopien erstellt werden?

So einfach ist der Zusammenhang natürlich nicht. Bevor der kometenhafte Aufstieg der taiwanesischen Wirtschaft in den 1980er Jahren begann, galt die Insel als ein Mekka für all jene, die sich teure Bücher der renommierten Oxford University Press nicht leisten konnten. In den Buchläden der Hauptstadt gab es nämlich allenthalben Raubdrucke. Die Sache ging so lange gut, bis sich in Taiwan selbst ein gut gehendes und seriöses Verlagswesen etablierte, das natürlich in keinster Weise daran interessiert war, dass die eigenen Bücher kopiert wurden. Als finanziell genug Substanz erlangt war, unterschrieb Taiwan alle notwendigen Copyright-Verträge – seitdem gibt es zwar Lizenzausgaben englischer und amerikanischer Bücher, doch sind diese längst nicht mehr so günstig wie zuvor.

Ähnlich ist die Lage in China. Die Verlockung, Patente zu brechen, ist momentan einfach noch zu groß. Das Gefälle zwischen den Gewinnen, die durch Abkupfern zu erwirtschaften sind, und den zur Wahrung eigener Interessen notwendigen Kosten ist so hoch, dass oft wenig Aussicht auf wirksame Durchsetzung der Rechte besteht. In der Vergangenheit ist es vorgekommen, dass amerikanische Handelsdelegationen in China auf ihr Copyright an Software oder Filmen pochten. Publikumswirksam veranstaltete die chinesische Regierung daraufhin eine Razzia in einer besonders dreist auftretenden Fälscherwerkstatt – von der sich dann herausstellte, dass es sich um ein chinesisch-amerikanisches Joint Venture handelte.

Dennoch hat China in atemberaubender Geschwindigkeit Patentabkommen unterzeichnet und in kürzester Zeit eine entsprechende Gerichtsbarkeit aufgebaut. Bis dies dazu führt, dass Urteile auch überall vollstreckt werden können, dürften noch einige Jahre ins

Land gehen. Das ist aber nicht auf eine kulturelle Veranlagung zum Fälschen zurückzuführen, sondern darauf, dass die Zentrale ihre Macht durchaus nicht überall im Land durchsetzen kann. Letztlich wird das Fälschen erst dann massiv eingedämmt werden, wenn – wie im Falle des taiwanesischen Buchmarktes – lokales Interesse daran besteht.

50. Schafft die universitäre Forschung den Anschluss? Lange Jahre galten Erziehung und Ausbildung als die kritischen Punkte, die einer erfolgreichen Verstetigung des chinesischen Wirtschaftswachstums im Wege stehen könnten. Der Prozentsatz der Hochschulabsolventen an der Gesamtbevölkerung lag noch Anfang der 1990er Jahre kaum höher als zu Ende der Kaiserzeit. Unternehmen, die auf der Suche nach qualifiziertem Personal waren, taten sich schwer. Mehrfach sandte die OECD Signale an China, dass es ohne eine Veränderung dieser Situation kaum dauerhaften Erfolg haben werde. Ein ernsthaftes Umdenken hat seit der Jahrtausendwende eingesetzt: Seit einiger Zeit investiert das Land massiv in seinen Hochschulsektor. Die technische Ausstattung vieler modernisierter Universitäten ist plötzlich derjenigen europäischer Hochschulen überlegen.

1993 wurde in China eine Reform der Universitäten in Gang gesetzt. Von den etwa tausend Hochschulen sollten hundert zu Schwerpunktuniversitäten mit verstärkter staatlicher Unterstützung erklärt werden. Leistungszulagen, die Professorengehälter manchmal versiebenfachen können, stoppten den Brain-Drain, der der technologischen Entwicklung des Landes in den 1980er Jahren sehr geschadet hatte. Es entstanden Zentren für Biowissenschaften, für Informationstechnologien, aber auch für Grundlagenforschung. Jedes Jahr erstellt das Erziehungsministerium ein Ranking seiner Universitäten, bei dem ein Platz unter den ersten zehn Prestige und Zulagen garantiert. Ganz oben finden sich regelmäßig die Peking- und die Qinghua-Universität, aber auch die Zhejiang-Universität in Hangzhou, die Nankai-Universität in Tianjin, die Fudan-Universität in Shanghai oder die Technische Universität Hefei in der Provinz Anhui.

Das erste weltweite Hochschulranking ist übrigens ebenfalls in China erstellt worden, wohl weil reiche chinesische Eltern wissen wollen, wo die Investition, die die Ausbildung ihres Kindes bedeutet, sich auszahlen wird. Studiengebühren, für deren Höhe der Platz in den Rankings ebenfalls ein Indikator ist, haben weiter zur Verbesserung der Einkommenssituation der guten Hochschulen beigetragen. Die Zahl der Hochschulabgänger ist dadurch deutlich gestiegen. Millionen von Ingenieuren werden demnächst auf dem chinesischen Arbeitsmarkt erwartet.

Allerdings gibt es durchaus große Probleme: Die boomende Wirtschaft saugt nicht alle Absolventen auf, und besonders die Hochschulen, die nicht zu den Schwerpunktuniversitäten zählen, fallen zurück. Dies betrifft vor allem Regionen jenseits der ohnehin schon starken Küstengegend, die dadurch mit einem zusätzlichen Standortnachteil zu kämpfen haben. Die Höhe der Studiengebühren verschärft zudem die soziale Kluft: Wer kein Geld hat, kann – wenn überhaupt – nur an zweitrangigen Universitäten studieren, und da in China ein fast bedingungsloser Glaube an Rankings herrscht, schränkt dies später auch seine Chancen auf dem Arbeitsmarkt ein. Ein relativ kleiner Kreis von Universitäten, vielleicht auch nur Instituten, hat den Anschluss an die Weltspitze gefunden. Für den Rest jedoch wird man sich etwas einfallen lassen müssen, wenn ein noch stärkeres Auseinanderdriften der Lebensbedingungen verhindert werden soll.

Sprache und Schrift

51. Welche Sprachen und Völker gibt es? Die Frage nach der Sprache der Chinesen bedeutet: Wer ist eigentlich ein Chinese? Sind zum Beispiel die über 16 Millionen Zhuang, eine Minorität, die vor allem in der Provinz Guangxi lebt, Chinesen? Sie gehören offiziell nicht den Han-Chinesen an, die 92–94 Prozent der Bevölkerung des Landes stellen, und haben eine eigene Sprache, die in Guangxi sogar Amtssprache ist und seit etwa fünfzig Jahren mit dem lateinischen Alphabet geschrieben wird. Diese Sprache ist mit dem Chinesischen nicht – oder zumindest nicht direkt – verwandt. Doch die meisten Zhuang sprechen mittlerweile aufgrund des hohen Assimilierungsdruckes Chinesisch. 55 anerkannte nationale Minoritäten gibt es, von denen aber den amtlichen Zahlen zufolge nur 18 mehr als eine Million Menschen umfassen.

In Nordostchina leben die Mandschuren, Nachfahren des Volkes, das die letzte Herrscherdynastie Chinas stellte. Nachdem sie im Anschluss an die Revolution von 1911 jahrelang Verfolgungen ausgesetzt gewesen waren, bekennen sich seit etwa zwanzig Jahren wieder zunehmend mehr Menschen dazu, dieser Minorität anzugehören – über zehn Millionen sind es heute. Doch auch sie sprechen fast ausnahmslos Chinesisch und sind von Chinesen nicht zu unterscheiden. Kürzlich kündigten chinesische Zeitungen den unmittelbar bevorstehenden Tod der mandschurischen Sprache an. Ähnlich sieht es mit den knapp zehn Millionen Hui aus, die in der Volksrepublik China (nicht auf Taiwan) nur deshalb als Minorität anerkannt sind, weil sie muslimischen Glaubens sind. Ihnen ist die autonome Provinz Ningxia zugewiesen, die allerdings mehrheitlich von Han bewohnt wird. Die meisten Angehörigen der über acht Millionen Miao, die in der Provinz Guizhou immerhin etwa 15 Prozent der Bevölkerung stellen, sprechen ihre eigene Sprache, die mit dem Chinesischen entfernt verwandt ist.

Weitere große Minderheiten sind die Uiguren (offiziell etwas über acht Millionen, von denen über sieben Millionen in Xinjiang leben), die Mongolen (knapp sechs Millionen – und damit deutlich mehr als in der unabhängigen Äußeren Mongolei –, die hauptsächlich in der Inneren Mongolei leben) und die Tibeter (etwa 5,5 Millionen), die offiziell wie die Zhuang nicht zu den Han zählen – aber nach amtlicher Definition Bürger des chinesischen Staates sind. Alle drei zuletzt genannten Völker sprechen eigene Sprachen: Das Uigurische gehört zu den Turksprachen und das Mongolische zu den mit diesen weitläufig verbundenen mongolischen Sprachen. Beide haben mit dem Chinesischen weder von der Grammatik noch vom Vokabular her Gemeinsamkeiten. Über acht Millionen Menschen umfasst zudem die Gruppe der in den zentralchinesischen Provinzen Hubei und Hunan sowie in Sichuan und Guizhou lebenden Tujia, die allerdings mittlerweile wie die Zhuang und die Mandschuren zu großen Teilen hochchinesisch sprechen. Zu den großen Bevölkerungsgruppen zählen schließlich die Yi mit etwa sieben Millionen Angehörigen, die sich auf den Südwesten Chinas verteilen und heute eine eigene Silbenschrift schreiben. Alle anderen Minoritäten kommen nicht über die Zahl von drei Millionen Menschen hinaus.

Ein großes Problem bei der Klassifizierung stellen die Sonderrechte der Minoritäten dar. Unter anderem dürfen sie nicht nur ein, sondern zwei Kinder bekommen. Diese Regelung hat dazu geführt, dass viele eigentlich längst assimilierte Han-Chinesen sich ihrer nicht den Han zugehörigen Vorfahren erinnerten. Aus diesem Grund sind Zahlen,

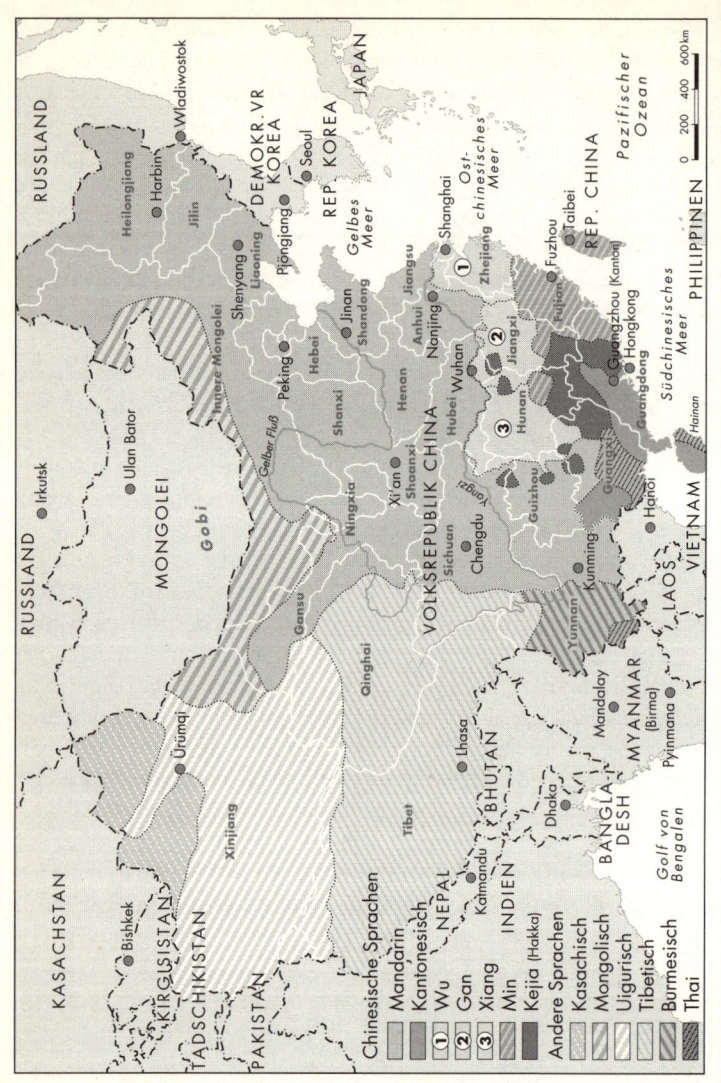

In China gesprochene Sprachen

die suggerieren, weit über hundert Millionen Chinesen gehörten in Wahrheit Minoritäten an, mit Vorsicht zu betrachten. Auf der anderen Seite stellen bestimmte Volksgruppen die offiziell erhobenen Zahlen massiv in Frage: Manche Aktivisten behaupten zum Beispiel, dass es in ganz China nicht acht, sondern in Wahrheit dreißig Millionen Uiguren gebe.

52. Welche Dialekte hat das Chinesische?   Das Chinesische ist in eine ganze Reihe von Dialekten aufgespalten, die zum Teil so unterschiedlich sind, dass sich ihre Sprecher untereinander kaum verständigen können. Phonologisch betrachtet sind diese Dialekte weiter voneinander entfernt als zum Beispiel eng verwandte romanische Sprachen wie Spanisch und Italienisch, wohl auch Französisch, oder slawische Sprachen wie Tschechisch und Polnisch, ganz zu schweigen von den erst in jüngster Zeit aus politischen Gründen wieder in den Stand getrennter Sprachen erhobenen südslawischen Dialekten Kroatisch und Serbisch. Von insgesamt acht großen Dialekten ist der bei weitem wichtigste das Nordchinesische, das von etwa 850 Millionen Menschen gesprochen wird. Da das Zentrum des chinesischen Reiches bis zum 10. Jahrhundert in Nordchina lag und die herrschenden Dynastien Interesse an einem einheitlichen Sprachstandard ihrer Bürokratie hatten, wurde auf der Basis des nördlichen Dialektes die Beamtensprache geschaffen, die bei uns unter dem Namen Mandarin bekannt ist. Mit der Ausdehnung des chinesischen Herrschaftsgebietes drang der nordchinesische Dialekt seit dem 10. Jahrhundert auch in andere Regionen vor. Daher wird Nordchinesisch außer in den heutigen Provinzen Peking, Shanxi, Shaanxi, Hebei und Henan sowie Gansu auch in den nordwestlichen autonomen Provinzen Xinjiang und Tibet, in der Mandschurei, in Sichuan und Yunnan gesprochen, wobei es allerdings durch natürliche Eigenentwicklungen sowie durch Sprachkontakte zu starken Differenzierungen gekommen ist. Einen interessanten Fall stellt die Stadt Hangzhou dar, die eigentlich zum Gebiet der südchinesischen Wu-Dialekte gehört. Da 1127 der Hof der Song-Dynastie aus Nordchina dorthin fliehen musste, findet sich in Hangzhou ein starker nördlicher Einschlag.

Unter den südchinesischen Dialekten, die sich zum Beispiel dadurch auszeichnen, dass bei ihnen im Silbenauslaut neben den im Hochchinesischen vorhandenen Vokalen und dem «n» auch die Verschlusskonsonanten «p», «t» oder «k» vorkommen können, ist der Wu-Dialekt mit seinen 77 Millionen Sprechern der nördlichste. Die bekannteste Variante wird von den Bewohnern Shanghais gesprochen. An der chinesischen Küstenlinie schließen sich im Süden der etwa zehn Millionen Sprecher umfassende Nord-Min (= Minbei)-Dialekt sowie Hokkien (bzw. Süd-Min = Minnan) an, das in der Provinz Fujien (= Hokkien) und auf Taiwan von etwa vierzig Millionen Menschen gesprochen wird. Hauptsächlich aus politischen Gründen bezeichnet man auf Taiwan Hokkien gerne als «Taiwanesisch»; linguistisch betrachtet ist der Unterschied zwischen Taiwanesisch und Hokkien aber unbedeutend. In vielen Ländern Südostasiens ist Hokkien eine der wichtigsten Sprachen der Überseechinesen. Ganz im Süden Chinas zählt das Kantonesische über achtzig Millionen Sprecher, unter anderem in Hongkong. Dieser Dialekt ist von besonderer Bedeutung, weil die Kantonesen schon im 19. Jahrhundert die wichtigste Gruppe von Emigranten in den USA stellten. Zwischen dem Gebiet des Hokkien und dem des Kantonesischen liegt der Sprachraum der etwa dreißig Millionen Hakka, die eine Reihe von kulturellen Eigenheiten aufweisen und auch auf Taiwan stark vertreten sind. Nordwestlich der Hakka wird im Binnenland von Hunan von 36 Millionen Chinesen der Xiang-Dialekt gesprochen. Schließlich ist noch das Gan zu nennen, das hauptsächlich in der Provinz Jiangxi beheimatet ist und etwa zwanzig Millionen Sprecher hat.

53. Welcher Sprachfamilie gehört das Chinesische an? Die drei großen Sprachfamilien der Welt werden herkömmlich als flektierend, agglutinierend und isolierend bezeichnet. Obwohl diese Terminologie mittlerweile vielfach als nicht konsequent kritisiert wird, gibt es für sie noch keinen adäquaten Ersatz. Die meisten europäischen Sprachen sind ihr zufolge flektierende Sprachen, deren Wortstämme veränderlich sind (oder «gebeugt» werden können). Die sogenannten altaischen Sprachen Türkisch, Mongolisch und Mandschurisch, aber auch die finno-ugrischen Sprachen, das Koreanische und das Japanische gelten als agglutinierend, weil grammatikalisches Geschlecht, Verbformen oder die Kasusbildung durch das «Ankleben» von Suffixen bzw. Endungen an den unveränderlichen Stamm zustandekommen. China ist also in seinem Westen, Norden und Osten von Sprachen umstellt, die mit dem Chinesischen in grammatikalischer

Hinsicht nicht das Geringste zu tun haben. Die miteinander verwandten Sprachen Chinesisch und Tibetisch, zu denen auch das Birmesische und verschiedene kleine Sprachen der Region gehören, sind hingegen «isolierend». Das bedeutet, dass bei ihnen der Wortstamm unveränderlich ist und auch keine Endungen an ihn angehängt werden.

Im modernen Chinesischen stimmt dies allerdings nicht ganz. Es gibt durchaus Endungen, die Worten eine bestimmte Bedeutung geben können. Diese Tatsache wird allerdings dadurch überdeckt, dass mit Zeichen geschrieben wird und ursprünglich jedes Zeichen einem eigenständigen Wort entsprach. Deshalb sehen einfache Endungen wie selbständige Wörter aus. Bis zur Vierte-Mai-Bewegung 1919 hat man in China über einen Zeitraum von zweitausend Jahren zumindest die als literarisch hochstehend angesehenen Texte in einer klassischen Hochsprache geschrieben, deren Ursprung im 4. und 3. Jahrhundert v. Chr. anzusiedeln ist. Diese Hochsprache hat zwar durchaus im Laufe der Jahrhunderte eine Weiterentwicklung erfahren, sich aber schon im Laufe des 2. oder 1. vorchristlichen Jahrhunderts von der gesprochenen Sprache entfernt. Im klassischen Chinesischen, das sich die Sprache der Denker des dritten vorchristlichen Jahrhunderts immer zum Vorbild nahm, gab es nur wenige aus zwei Zeichen zusammengesetzte Worte. Heute ist dies anders: Da der Lautbestand des Chinesischen nur 416 Silben beträgt, von denen die meisten – aber durchaus nicht alle – in vier verschiedenen Tönen ausgesprochen werden können, so dass sich insgesamt etwa 1500 verschiedene Silben unterscheiden lassen, würde eine Reduktion von Wörtern auf einzelne Silben zu ständigen Missverständnissen führen. Deshalb bestehen die meisten Worte mittlerweile aus zwei, drei oder gar mehr zusammengesetzten, ursprünglich selbstständigen Wortsilben, die in unterschiedlicher Weise kombiniert werden können.

Auch das klassische Chinesisch war übrigens nicht völlig isolierend, sondern weist eine auch heute noch deutlich erkennbare Morphologie auf. Viele Zeichen haben zwei oder mehrere Töne oder Aussprachen, die häufig auf ein Ableitungsverhältnis zurückzuführen sind, das grammatikalisch beschrieben werden kann. Zudem haben vermutlich bestimmte Vorsilben Einfluss auf den Anlaut und die Tonalität genommen. Diese Phänomene müssen jedoch für das klassische Chinesische mühsam rekonstruiert werden, weil die Zeichenschrift viele lautliche Besonderheiten verdeckt hat.

54. Ist die Schrift eine Bilderschrift? Im Jahr 100 n.Chr. reichte ein Gelehrter namens Xu Shen am Kaiserhof ein Werk ein, das den Titel *Shuowen jiezi* trug, was mit «Besprechung der Schrift und Erklärung der Zeichen» übersetzt werden kann. Das *Shuowen jiezi* ist das erste große Buch, in dem etymologische – oftmals auch nur volksetymologische – Deutungen zu chinesischen Zeichen gegeben wurden. Xu Shen unterscheidet sechs verschiedene Bildungsprinzipien für die Zeichen. Darunter ist das bekannteste, aber bei weitem nicht das bedeutendste, das Bild. Ein verhältnismäßig kleiner Teil der Zeichen lässt sich tatsächlich auf eine direkte Umsetzung eines Bildes in Schrift zurückführen. Dies betrifft vor allem einfache Nomina für Lebewesen (Tiere, der Mensch, die Frau, der Baum), Gebrauchsgegenstände (der Wagen, das Boot etc.) oder Naturbilder (Wasser, Berg etc.).

Das alte Bildzeichen für «Fisch» 魚 etwa ist noch gut im heutigen Zeichen 魚 zu erkennen. Nicht selten sind Bildzeichen auch einfach zur Schreibung ganz anderer Wörter entlehnt worden, wenn deren Lautung identisch oder ähnlich war – auch dies eine der sechs Kategorien des Xu Shen. Eine ebenfalls nicht allzu große Gruppe machen die abstrakten Symbole aus, die man zur Schreibung von Konzepten wie «oben» oder «unten» benötigt.

Bei einer weiteren Gruppe, die Xu Shen isolierte, wurden zwei verschiedene Bilder miteinander kombiniert, um eine neue Sinneinheit zusammenzusetzen. Ein Beispiel ist Xu Shen zufolge das Wort für «Vertrauen» 信, das aus den beiden Bestandteilen «Mensch» 人 und «Wort» 言 besteht. In populären Werken, die sich mit China befassen, werden gerne chinesische Zeichen nach ihren einzelnen Bestandteilen gedeutet. Diese Methode ist jedoch sehr fehlerträchtig. Das Wort für die Akazie 槐 beispielsweise ist zusammengesetzt aus «Baum» 木 und «Geist» 鬼, so dass man auf die Idee kommen könnte, die Akazie sei ein Geisterbaum. In Wahrheit jedoch handelt es sich um ein Kompositum, das in die wichtigste der sechs Gruppen gehört: die Laut- und Sinnkombinationen. Das «huai» ausgesprochene Zeichen setzt sich also zusammen aus einem Sinn- und einem Lautelement. Dabei steht als sinngebende Komponente der Baum und als phonetischer Bestandteil der «Geist», der modern «gui» ausgesprochen wird, ursprünglich aber wohl «kuai» lautete. Etwa achtzig Prozent aller traditionellen chinesischen Zeichen enthalten einen solchen Lautbestandteil, so dass man mit ein wenig Erfahrung die ungefähre Aussprache eines Zeichens bei der Lektüre eines Textes erraten kann, auch wenn man dieses noch nicht kennt.

Xu Shen identifizierte insgesamt 540 graphische Elemente, die Bestandteil aller Zeichen waren, die er kannte. Diese Klassifizierung wurde unter einem der ersten Herrscher der Qing-Dynastie, dem Kangxi-Kaiser (1661–1722), noch einmal auf die Zahl von 214 sogenannten «Radikalen» vereinfacht. Nach diesen Radikalen waren traditionell die meisten chinesischen Lexika geordnet. «Baum» 木 (Aussprache: mu) zum Beispiel ist das aus vier Strichen bestehende Radikal Nummer 75, Wasser 水 (Aussprache: shui) das Radikal Nummer 85 oder Feuer 火 (Aussprache: huo) das Radikal Nummer 86. Im Lexikon ist jedem Radikal alle dieses Radikal enthaltenden Zeichen zugeordnet und in der aufsteigenden Reihenfolge der Anzahl ihrer Striche aufgeführt. Als Radikal verwandelt sich das Zeichen shui für

Wasser gewöhnlich in drei Punkte, die zumeist links von anderen Zeichenbestandteilen stehen und darauf hinweisen, dass hier ein Ausdruck vorliegt, der ins Wortfeld Wasser gehört. Zum Beispiel setzt sich das Zeichen für das Wort bo 波 (die Welle) aus den drei Wasserpunkten sowie dem Lautbestandteil pi bzw. bo 皮 zusammen. Das Radikal Feuer hingegen steht entweder links neben Zeichen, die dem Wortfeld Feuer zuzuordnen sind, oder aber in Form von vier Punkten unter ihnen, wie zum Beispiel im Wort jian 煎 für «rösten», in dem die vier Punkte des Feuers den semantischen Bestandteil ausmachen, während qian 前 den Laut markiert.

Auf den frühesten chinesischen Schriftträgern, den sogenannten Orakelknochen, die auf das Ende des 2. Jahrtausends v. Chr. zu datieren sind, finden sich bereits sämtliche sechs Schrifttypen. Aufgrund ihrer vollen Ausprägung müssen wir also davon ausgehen, dass die Schrift älter ist als diese Zeugnisse. Dennoch ist sie im weltgeschichtlichen Maßstab offenbar verhältnismäßig spät entstanden, gab es doch im vorderen Orient Schriften schon zweitausend Jahre früher.

Die in heterogenen Formen geschriebene chinesische Schrift wurde unter dem Ersten Kaiser der Qin-Dynastie, also etwa 200 v. Chr., vereinheitlicht. Seitdem bediente man sich der sogenannten Kanzleischrift, mit der die heute in Hongkong und auf Taiwan verwendete Schrift weitgehend identisch ist. In der Volksrepublik China wurden zwischen 1956 und 1964 die traditionellen Zeichen vereinfacht. Als Grund wurde die zu schwierige Schreibung der alten Formen angegeben. Tatsächlich hat diese Reform aber auch dazu geführt, dass die meisten jungen Chinesen nicht mehr in der Lage sind, Texte ihrer eigenen Kultur in traditionellen Ausgaben zu lesen – was ihnen den Zugang zu einem großen Teil der alten Literatur verwehrt. Die «Vereinfachung» hat außerdem zur Folge, dass eine Reihe von lautlichen Elementen, die das Erlernen der Zeichen eigentlich erleichtern, abhanden gekommen und überdies ursprünglich unterschiedliche Zeichen zusammengefallen sind, wodurch es semantisch zu Missverständnissen kommen kann. Die Benutzung der sogenannten Kurzzeichen ist daher ein zweischneidiges Schwert: Einerseits mag sie das schnelle Schreiben vielleicht erleichtern (obwohl man früher ohnehin handschriftlich eine Art Kursivschrift verwendete, die wesentlich schneller zu schreiben war, als wenn man die Druckbuchstaben nachgemalt hätte). Auf der anderen Seite versetzte sie der traditionellen Kultur einen schweren Schlag. In Zeiten, wo in China ohnehin fast nur noch mit dem Computer geschrieben und gleichzeitig großer Wert auf die autochthonen Eigenheiten gelegt wird, ist deshalb der Zeitpunkt gekommen, an dem über eine Rückkehr zu den alten Langzeichen nachgedacht werden sollte.

55. Kann man mit chinesischen Zeichen auch andere Sprachen schreiben? Chinesische Vokabeln sind in viele benachbarte Länder gewandert, ebenso wie griechische und lateinische Wörter sich in den meisten europäischen Sprachen durchgesetzt haben. Doch zusätzlich zu den Worten reisten im Fernen Osten auch die Zeichen mit. So kann man in vielen asiatischen Ländern mit Chinesischkenntnissen eine Apotheke sofort finden, weil die chinesischen Zeichen universal genutzt werden, auch wenn in der gesprochenen Sprache vielleicht ein anderes Wort für Apotheke verwendet wird. Zwar wurden in Japan und Korea schon früh Silbenschriften entwickelt, die meisten wichtigen in diesen Ländern bis zur Mitte des 19. Jahrhunderts entstandenen Texte wurden jedoch auf Chinesisch abgefasst. Dabei gab es zwei Möglichkeiten: Entweder versuchten die Autoren, ein reines Chinesisch zu schreiben – dies war in Vietnam üblich –, oder sie passten die chinesische Satzstellung der einheimischen Sprache an und setzten dann darauf, dass der Leser die notwendigen grammatikalischen Endungen gedanklich selbst einsetzte. Nicht selten wurden diese allerdings auch in den Silbenschriften klein an den Rand geschrieben oder aber ganz in den Text eingefügt. Im Wortschatz des Japanischen gibt es heute etwa dreißig Prozent Vokabeln chinesischen Ursprungs. Ähnlich sieht es in Korea aus. Allerdings unterscheiden sich beide Sprachen hinsichtlich der Verwendung chinesischer Zeichen in der Schrift mittlerweile sehr stark: Während in Japan nur einfache Texte wie Comics oder «Manga» ganz ohne Zeichen auskommen, etwa zweitausend chinesische Zeichen für einen gebildeten Menschen jedoch zum Lesestandard gehören, sind sie aus dem Schriftbild koreanischer Texte so gut wie verschwunden.

Chinesische Zeichen wurden allerdings schon seit frühester Zeit genutzt, um Worte aus fremden Sprachen zu transkribieren. Zum ersten Mal geschah dies in größerem Ausmaß, als der Buddhismus im 1. und 2. Jahrhundert nach China eindrang und das entsprechende Vokabular umgesetzt werden musste. Die Texte, in denen sich Sanskrit-Vokabular findet, sind heute von großem Interesse, weil sich aufgrund der präzisen Lautüberlieferung des Sanskrit aus den Transkriptionen teilweise schließen lässt, wie das Chinesische damals geklungen haben muss. Auf der anderen Seite zeigen sie, dass das Chinesische, obwohl sein Lautbestand noch deutlich größer war als heute, schon zu dieser Zeit große Schwierigkeiten hatte, fremdsprachige Worte auch nur annäherungsweise wiederzugeben. Wenn in modernen chinesischen Texten europäische Namen auftauchen, ist es aus demselben Grund häufig nicht leicht, diese zu identifizieren. Man muss eben wissen, dass das Chinesische keine andere Möglichkeit hat, den Namen «Aristoteles» wiederzugeben, als mit «Yalisituotele»! Dennoch ist schon aus dem 13. oder 14. Jahrhundert ein Text überliefert, dessen fremdsprachige Laute vollständig in chinesischen Silben wiedergegeben und nur nach phonetischen Gesichtspunkten aneinandergehängt wurden, ohne inhaltlich auch nur den geringsten Sinn zu ergeben. Es handelt sich um das früheste bekannte Geschichtswerk der Mongolen: die *Geheime Geschichte der Mongolen*, die in der ersten Hälfte des 13. Jahrhunderts auf Mongolisch fertiggestellt und dann ins Chinesische transkribiert – nicht übersetzt – wurde, vielleicht weil der Text als Sprachlehrwerk für Chinesen diente, die bei der Lektüre ein zweisprachiges Lexikon daneben legten. Erst im 20. Jahrhundert gelang es dem deutschen Sinologen und Mongolisten Erich Hänisch und unabhängig von ihm etwa zur selben Zeit dem Franzosen Paul Pelliot, den chinesischen Transkriptionstext ins Mongolische zu übertragen und davon ausgehend ins Deutsche bzw. Französische zu übersetzen.

56. Warum heißt ein berühmter Philosoph je nach Übersetzer Lao-tzu, Lao-dse oder Laozi? Als die Jesuiten im 16. und 17. Jahrhundert nach Asien kamen, vernahmen sie fremde Sprachen, die sie nach dem Gehör ins lateinische Alphabet umsetzen mussten. Ein System dafür aber entwickelten sie zu der Zeit nicht. Noch die berühmten Übersetzungen des englischen Missionars James Legge (1815–1897) zeugen in dieser Hinsicht von erstaunlicher Eigenwilligkeit. In seiner Notierung chinesischer Namen und Begriffe lässt sich zum Teil der Einfluss südchinesischer Dialekte erkennen, zum Teil handelt es sich aber offenbar auch um nach Gehör geschriebene nordchinesische Lautungen. Jedenfalls ist es für den heutigen Leser von Legges Werken ohne Kenntnis der Originaltexte schwer, sich vorzustellen, welche Zeichen er gemeint haben könnte. Eine Systematisierung der Transkription des Chinesischen begann erst im 19. Jahrhundert. Allerdings schuf in Zeiten der europäischen Nationalstaaten jedes Volk sein eigenes Transkriptionssystem, allen voran natürlich Engländer, Franzosen und Deutsche. In England setzte sich das kombinierte System der Sinologen Wade und Giles durch, das bis heute vielfach benutzt wird. Franzosen und Deutsche entwickelten Systeme, die ihren eigenen Sprachen jeweils entgegenkamen, was allerdings nicht ausschloss, dass einzelne Sinologen ihre eigenen Transkriptionen verwendeten. Für einen Laut, der auf Deutsch als «Tschu» wiedergegeben wurde, lag auf Französisch «Tch'ou» nahe und auf Englisch «Ch'u».

Nachdem man in China seit 1921 die Zhuyin oder auch Bopo mofo-Umschrift verwendet hatte, die den japanischen Silbenschriften nachempfunden war, beschloss der Staatsrat der jungen Volksrepublik China 1956 die Einführung einer neuen Transkription, der «Hanyu pinyin» (Bedeutung: «Festlegung der Laute des Chinesischen»), die auf der Aussprache des Peking-Dialektes basierte. In alte europäische Lexika hatten eine Reihe von südchinesischen Aussprachen Eingang gefunden, die zum Teil den historischen Sprachstand des klassischen Chinesischen besser widerspiegeln als der Peking-Dialekt. Zum Beispiel wird das heute «wo» transkribierte Pronomen der ersten Person Singular in dem auf Wade-Giles aufbauenden Lexikon von R. H. Mathews aus dem Jahr 1931 mit «ngo» wiedergegeben. Dies kommt südchinesischer und klassischer Aussprache gleichermaßen nahe.

Nach anfänglichen Akzeptanzschwierigkeiten setzte sich die auch in diesem Buch verwendete Hanyu Pinyin-Umschrift in den letzten Jahren immer stärker durch. Die UNO hat sie ebenso angenommen wie die Verkehrsbetriebe in Taipei, die unter anderem aus politischen Gründen noch bis vor kurzem auf eigenständigen Umschriften beharrten. So gibt es einen Trend zur durchaus wünschenswerten Vereinheitlichung. Pinyin allerdings hat den Nachteil, dass sie den europäisch-amerikanischen Leser, der keine Grundausbildung im Chinesischen erhalten hat, mit mehreren unaussprechlichen Konsonanten und Vokalen aufs Glatteis führt. Bei Pinyin handelt es sich nämlich um eine nur halb geglückte Kreuzung aus Transkription, also einer lautlichen Umschrift, und Transliteration, bei der zur Umsetzung eines Lautes je ein Buchstabe für je ein Phonem eingesetzt wird (also «j» für einen Laut, den man im Deutschen eigentlich mit mindestens zwei Buchstaben «dj» umschreiben müsste), ohne Rücksichtnahme auf die Assoziationen, die der westliche Leser mit dem verwendeten Buchstaben hat. So wird der Name des wichtigsten chinesischen Schriftstellers des 20. Jahrhunderts wohl kaum von einem des Chinesischen unkundigen Europäer richtig ausgesprochen werden, wenn er die Pinyin-Version «Lu Xun» liest. Sehr nahe am chinesischen Originallaut wären Lu Hsün oder Lu Sün, Transkriptionen, die ältere wissenschaftliche Systeme vorschlugen. Der «ü»-Laut stellt übrigens einen besonderen Sündenfall der Pinyin dar: Hinter Konsonanten, auf die per Pinyin-Definition kein «u» folgen kann (q für «tch», j für «dj», x für «hs» sowie y), schreibt man für den «ü»-Laut nämlich aus unerfindlichen Gründen ein «u», während hinter l und n ein «ü» gesetzt werden muss, da auf diese beiden Konsonanten ebenso «u» folgen kann. Auch wissenschaftliche Autoren, deren Computertastatur an der Oberfläche keinen ü-Umlaut hat, verzichten aufgrund dieser Inkonsequenz gerne auch hinter «l» und «n» auf das «ü» und schreiben stattdessen «u», was zu heilloser Konfusion führt. So etwas ist natürlich bei dem geringen Lautbestand, über den das Chinesische ohnehin nur verfügt, grob fahrlässig. Es belegt, dass der Versuch, ein System zu schaffen, das sowohl Transliteration als auch Transkription ist, als gescheitert angesehen werden muss. Das «j» übrigens wurde in früheren Umschriften im allgemeinen für den Anlaut geschrieben, der dem französischen J in «Jean» oder «Journal» nahekam. Die Schöpfer der Pinyin haben sich aber dazu entschlossen, das j für «dj» einzusetzen und an seine Stelle stattdessen ein «r» zu setzen. Dies führt leider häufig zu Fehlartikulation.

Auch der Name des ehemaligen chinesischen Außenministers ist kaum jemals von einem deutschen Nachrichtensprecher richtig getroffen worden, denn Qian Qichen wird bei uns natürlich automatisch zu Quian Quichen und nicht zu Tchien Tchi-chen, dem die Wade-Giles-Umschrift mit Ch'ien Ch'i-ch'en recht nahe kommt. Am nächsten kommt der chinesischen Aussprache übrigens das russische Transkriptionssystem, das aber leider in Westeuropa nicht übernommen werden kann, weil man dazu kyrillische Buchstaben bräuchte.

Die Aussprache der Pinyin-Umschrift:

Pinyin	Aussprache
a	meist «a»; in den Silben «jian», «qian», «yuan», «xian» und «yan» = «e» oder «ä»
b	nicht aspiriertes «p» (wie im Französischen «Paris»; nicht die aspirierte «harte» deutsche Aussprache von «p»)
c	«ts»
ch	«tsch»
d	nicht aspiriertes «t» (süddeutsch «Tirol», kein weiches deutsches «d», aber auch kein hartes «t»)
e	nimmt verschiedene Schattierungen des deutschen «e» an
f	«f»
g	nicht aspiriertes «k» (kein weiches deutsches «g», aber auch kein hartes deutsches «k»)
h	aspiriertes «ch», nicht ganz so hart wie in «ach»
i	«i»
j	«dj», kommt nur vor «-i» und «-u» (= «ü») vor
k	«k»
l	«l»
m	«m»
n	«n»
o	kommt nur vor «-ng» vor, eher ein «u» mit nur leichtem Anklang an «o»
p	«p»
q	«tch», kommt nur vor «-i» und «-u» (= «ü») vor
r	wie das französische «j» in «journaliste»
s	«s» (scharf, niemals weich)

sh	«sch»
t	«t»
u	«u», hinter «j-», «q-», «x-» und «y-» = «ü»
ü	«ü», kommt nur hinter «l-» und «n-» vor
w	«w», weniger Lippenverschluß als im Deutschen
x	«hs» oder «hch», ähnelt einem nahe bei den Zähnen mit der Zunge gebildeten «ch»
y	«j» wie im Deutschen «Junge», wird vor einfachem «i» kaum gesprochen: «yi» also eher «i» als «yi», aber deutlich hörbar in «yin».
z	«ds»
zh	«dsch»

57. Wie funktioniert die chinesische Computertastatur? Die Zahl der Zeichen ist im Laufe der Jahrtausende stark angewachsen und beträgt heute etwa 50 000. Eine Zeitung kann man einigermaßen lesen, wenn man etwa 2500 davon beherrscht, als gebildet gilt ein Chinese bei einer Kenntnis von rund 8000 Schriftzeichen. Auf einer normalen Computertastatur finden sich allerdings nicht mehr als hundert Tasten, wenn man alle Funktions- und Zahltasten mitrechnet. Die Eingabe von Zeichen geschieht deshalb nicht direkt, sondern häufig über die Umschrift: Der Schreibende tippt einfach eine Pinyin-Lesung eines Zeichens ein. Dann öffnet sich auf dem Bildschirm eine Leiste, in der mehrere Zeichen stehen, die ebendiese Aussprache haben. Das richtige wird durch Eingabe der entsprechenden Zahl ausgewählt. Danach können sich, wenn die entsprechende Funktion aktiviert ist, automatisch weitere Leisten mit Zeichen öffnen, von denen der Computer annimmt, dass sie auf das ausgewählte Zeichen folgen könnten, weil sich ja meist mehrere Zeichen zu einem Wort zusammenfügen.

Verhältnismäßig einfach ist auch die Eingabe von Zeichen, bei denen An- und Auslaut einer Silbe getippt werden. Daneben gibt es zahlreiche unterschiedliche Eingabesysteme, bei denen die Tastatur mit bestimmten Elementen belegt ist, die in chinesischen Zeichen vorkommen. Durch Kombinieren dieser Elemente kann – vorausgesetzt, die Belegung ist gut bekannt, was natürlich reine Gewöhnung ist – ein Zeichen durch Eingabe zweier oder dreier Buchstaben schnell identifiziert werden. Ein Buchstabe steht dann zum Beispiel für eine bestimmte Strichart in vier oder fünf festgelegten Positionen eines idealerweise als quadratisch angesehenen Zeichens. Solche Systeme sind wesentlich schneller zu bedienen als die Lauteingaben, weil sie eindeutiger sind als Pinyin, bei dem zum Beispiel bei der Computereingabe (in diesem Fall unter MAC OS X) des besonders häufigen Lautwertes «yi» 375 verschiedene Zeichen durchgeschaut werden müssen, wenn auch die gebräuchlichsten unter ihnen meistens verhältnismäßig weit vorne auftauchen. Allerdings setzen diese Eingabesysteme eine sehr gute Beherrschung sowohl der chinesischen Schrift als auch der Tastatur voraus. Deshalb verlieren sie auch in China an Bedeutung. Überhaupt ist der Computer eine echte Bedrohung für die traditionelle Schriftkenntnis. Wer nur noch damit arbeitet, verliert schnell die Fähigkeit, schwierigere Zeichen aktiv mit der Hand zu schreiben.

58. Ist Chinesisch schwierig zu erlernen? Chinesen sind zumeist der Auffassung, dass ihre eigene Sprache die schwerste der Welt sei. Diese Einschätzung ist auch in der westlichen Welt weit verbreitet. Grund für diese Annahme ist jedoch nicht die Schwierigkeit der Sprache, sondern der Schrift, deren Beherrschung in der Tat jahrelange Übung erfordert. Ob das korrekte Schreiben des Chinesischen für ein Schulkind tatsächlich mühsamer zu lernen ist als das des Deutschen, ist allerdings eine Frage, deren Antwort weniger eindeutig ist, als dies auf den ersten Blick scheint. Denn bis ein deutsches Kind fehlerfrei mittelschwere deutsche Texte schreiben kann, muss es mehrere Jahre lang üben – genauso lang wie ein chinesisches Kind für chinesische Texte. Auch wenn die Erwachsenenlogik dagegenzusprechen scheint, darf man also nicht davon ausgehen, dass das Schreiben einer phonetisch relativ direkt umgesetzten Sprache viel einfacher sei als das Erlernen einer Schrift, in der nur 80 Prozent der Zeichen Lautbestandteile enthalten. Besonders die Tatsache, dass ein Großteil aller Schriftzeichen aus einem Laut- und einem Sinnbestandteil zusammengesetzt ist, erleichtert dem Muttersprachler das Memorieren der Zeichen erheblich.

Rein grammatikalisch ist Chinesisch sehr viel leichter als die meisten europäischen Sprachen, weil es keine komplizierten Endungen und Stammveränderungen zu erlernen gibt. Daher ist ein begrenztes Überlebensvokabular schnell zur Einsatzfähigkeit zu bringen. Nicht ganz so einfach ist allerdings die Aussprache, kennt das Chinesische doch einige Laute, die es in den großen europäischen Sprachen nicht gibt und die deshalb gründlich eingeübt werden müssen. Der schwierigste Teil am Chinesischlernen ist aber das Vokabular, da es kaum Lehnworte gibt, auf die man in europäischen Sprachen normalerweise setzen kann, auch ohne sie bewusst gelernt zu haben. Zudem lieben Chinesen gerade wegen der Einfachheit ihrer Sätze die Verwendung kurzer Sentenzen, die zumeist auf historische oder literarische Vorbilder zurückgehen. Diese Sprichwörter sind für einen Außenstehenden kaum verständlich, wenn er nicht die zugrundeliegende Geschichte kennt. Bis man sie selbst verwenden kann, vergehen Jahre mühseligen Studiums.

Religion und Philosophie

59. Welchen Einfluss hatte Konfuzius auf die Kultur? Konfuzius, eigentlich Kong Qiu oder Kong zi (Meister Kong), dessen latinisierter Name in Europa von Jesuiten bekannt gemacht wurde, lebte von 551 bis 479 vor Christus. Er soll an verschiedenen Fürstenhöfen seiner Zeit tätig gewesen sein und versucht haben, seine Lehren, die auf eine Verbesserung der Gesellschaft abzielten, dort anzubringen. Als er einsehen musste, dass er keinen Erfolg haben würde, kehrte er in seinen Heimatstaat Lu im heutigen Shandong zurück, um sich der Redaktion alter Schriften zu widmen. Diese wurden mehrere hundert Jahre später, um 140 v. Chr., zum Prüfungsstandard für diejenigen, die Beamte werden wollten. Für Konfuzius selbst führten die Han zunächst eine staatliche Opferpraxis ein, und zu Beginn des 1. Jahrhunderts erhob man ihn sogar posthum in den Rang eines Markgrafen und belehnte seine Nachfahren. Unter den Tang erhielt Konfuzius den Titel eines Königs, Tempel wurden für ihn und die wichtigsten seiner Schüler in der Hauptstadt und in den Provinzstädten errichtet. Beamte, die Staatsprüfungen ablegten, bezeugten ihm zunächst im Tempel ihre Verehrung. Unter den Qing begann man sogar den Geburtstag des

Konfuzius zu feiern, ein Brauch, der auf Taiwan noch heute gepflegt wird und jüngst auch in der Volksrepublik China wiederbelebt worden ist.

Doch welchen Einfluss Konfuzius auf die Chinesen direkt nahm, lässt sich nur schwer sagen. Was er nach traditioneller Auffassung vor allem hinterließ, ist das «Lunyu», die «Gespräche des Konfuzius», ein Sammelsurium von Aussprüchen, die zum Teil aus Gesprächen mit seinen Schülern stammen sollen. Dieses Buch ist ein Schulbuchtext geworden, den jeder Angehörige der chinesischen Elite zu memorieren hatte, der aber keine systematische Lehre enthält. Besonders wichtig ist, dass Konfuzius für die Zusammenstellung der kanonischen Schriften verantwortlich gewesen sein soll, die für über zweitausend Jahre den Grundstock allen Wissens bildeten. Schließlich hat er durch seine Schüler und Enkelschüler weitergelebt, von denen der wichtigste Mengzi war, auf den ein philosophisches Werk in sieben Kapiteln mit zentralen Aussagen zum chinesischen Menschenbild zurückgeht: Die Natur des Menschen ist Mengzi zufolge gut. Er lebt in einem Geflecht von familiären und gesellschaftlichen Hierarchieverhältnissen, die unter dem Schlagwort der Fünf Beziehungen zusammengefasst sind: Fürsten und Untertanen, Eltern und Kinder, Mann und Frau, Alt und Jung, Freunde untereinander. Bei Konfuzius selbst sind die sogenannten Fünf Beziehungen, die später zum Inbegriff der konfuzianischen Lehre wurden, nur in Ansätzen ausgebildet. Ob sie China tatsächlich so prägten, dass die dort lebenden Menschen auch heute noch von ihnen beeinflusst sind und sich aus diesem Grund von Angehörigen anderer Zivilisationen unterscheiden, ist höchst umstritten. Befürworter dieser These meinen eine besondere Familienbezogenheit der Chinesen erkennen zu können, die sich anders kaum erklären ließe. Auf der anderen Seite beschrieben unbefangene europäische Beobachter schon im 19. Jahrhundert die Chinesen in einer Form, die vielfach genau das Gegenteil von dem darstellte, was die Lehren des Konfuzius einfordern. Deshalb bleibt sein Einfluss auf die chinesische Gesellschaft für den Fachmann auch nach jahrzehntelangem Studium noch merkwürdig wenig greifbar.

60. Sind die Chinesen Konfuzianer? Als zu Beginn des 20. Jahrhunderts die Schwäche Chinas offenkundig wurde, traten Reformkräfte auf den Plan, die als Ursache dafür die Prägung der Chinesen durch das konfuzianische Hierarchiedenken der fünf Beziehungen ausmachten. Der Konfuzianismus wurde also auf seine Soziallehre reduziert. An die philosophischen Ideen – die Aufforderung an den Menschen, seine eigene Persönlichkeit zu vervollkommnen und durch unermüdliches Lernen zu einem für Harmonie sorgenden Lenker des Gemeinwesens zu werden – dachte man nicht mehr. Obwohl es gegen diese Position starke Reaktionen gab, hat sie doch die Geschicke zumindest der Volksrepublik China, weniger vielleicht Hongkongs und Taiwans, bis in die 1980er Jahre hinein maßgeblich beeinflusst. Für Mao Zedong war die Vokabel Konfuzianismus vor allem eine Chiffre für Unterdrückungsmechanismen.

Erst seit der Zeit der Reform- und Öffnungspolitik hat sich diese Auffassung geändert. Insbesondere nach der Niederschlagung der Studentenbewegung 1989 vollzog die chinesische Führung einen Schulterschluss mit asiatischen Führern, die schon in den 1980er Jahren dem westlichen Denken die asiatischen Werte entgegengehalten hatten, auch weil diese eine Rechtfertigung autoritärer Regierungsformen darstellten. Die Renaissance des Konfuzianismus, die sich im offiziellen China seitdem vollzieht, ist vor diesem Hintergrund zu sehen. Er gilt einerseits als Garant für einen eigenständigen chinesischen Weg, auf dem das Volk zu folgen bereit ist. Man sieht plötzlich die Vorteile dessen, was früher als Korsett kritisiert wurde: Die Fähigkeit zur Unterordnung gilt nicht mehr als Modernisierungshemmnis, sondern als Voraussetzung für weitere Entwicklung, da das kollektive Vorankommen den Verzicht des Einzelnen erfordert. Andererseits dient das konfuzianische Schlagwort von der Harmonie auch dazu, der Welt vor Augen zu führen, dass Chinas Aufstieg aus kulturellen Gründen friedlich vonstatten gehen wird und eben nicht, wie von manchen im Westen befürchtet, mit kriegerischem Expansionsstreben verbunden ist.

Bei alldem stellt sich die Frage, wie viel von den konfuzianischen Lehren das Leben des Einzelnen heute tatsächlich bestimmt. Ist der familiäre Zusammenhalt tatsächlich stärker als im Westen, und wenn ja, liegt dies am Konfuzianismus oder wirkt hier nicht nur ein natürlicher Mechanismus, der auch in anderen noch nicht oder erst seit kurzem industrialisierten Ländern besteht? Akzeptieren die Frauen den Konfuzianismus als Leitbild, obwohl er die Unterordnung der Frau unter ihren Mann fordert? Ist die Ehrfurcht des chinesischen Schülers vor seinem Lehrer tatsächlich größer als in Europa? Wenn ja, liegt dies an Konfuzius? Wird das Konzept der konfuzianischen Kardinaltugend, der Loyalität, von westlichen Unternehmen nur missverstanden, wenn sie sich darüber beklagen, dass sie nirgends so große Probleme haben, Mitarbeiter zu halten, wie in China? All diese Fragen sind bisher nicht in einer wissenschaftlichen Form aufgearbeitet worden, die für eine positive Beantwortung der hier formulierten Grundfrage ausreichen würde. So bleibt im Augenblick nur zu konstatieren, dass die Ausdrucksformen, die der Konfuzianismus im Kaiserreich hatte, heute nicht mehr bestehen: die kultische Verehrung des Konfuzius sowie ein allgemeinverbindlicher Kanon von Schriften, aus denen sich die Kenntnis dessen, was Konfuzianismus ist, speiste. Die ständige Betonung des «Kollektivismus» hat sicherlich weniger mit Konfuzianismus als mit Marxismus zu tun: Die konfuzianische Philosophie hatte nämlich das Individuum schon viel früher entdeckt als die europäische. Einen Chinesen leichtfertig als «Kollektivisten» zu bezeichnen, kann leicht als Beleidigung aufgefasst werden – und diese Reaktion ist durchaus gerechtfertigt, denn natürlich sind Chinesen genauso Individuen wie Europäer. Wer Chinesen gegenüber versucht, ihre Gesellschaft schematisch als konfuzianisch zu erklären, muss sich darauf gefasst machen, dass ihm zwar manche Traditionalisten zustimmen, dass ihm Gegner aber vorwerfen werden, er sei in «Orientalismus» befangen. Diesen Vorwurf machte vor etwas über zwanzig Jahren der Islamkundler Edward Said vielen westlichen Spezialisten für den Vorderen Orient: Sie würden die Gesellschaften, über die sie schrieben, viel zu wenig kennen und ließen sich dazu verleiten, aus ihrem abstrakten Buchwissen heraus Fehlurteile über die Realität zu fällen.

61. Wann entstand der Daoismus? Neben dem Konfuzianismus ist der Daoismus die zweite große autochthon chinesische Geistesrichtung. Das Phänomen Daoismus lässt sich ebenso wenig griffig definieren wie das des Konfuzianismus: Er tritt uns zunächst in Gestalt der Philosophie des «Leitfaden von Weg und Tugend» (Dao de jing) entgegen, eines gereimten Textes in heute 81 Abschnitten (bei seiner Entstehung war er wahrscheinlich anders angeordnet) und fünftausend Worten, der nach traditioneller Vorstellung von Laozi, dem «Alten Meister», im 6. Jahrhundert v. Chr. verfasst worden sein soll. Die heutige Forschung ist sich nicht sicher, ob Laozi jemals gelebt hat und ob es überhaupt einen einzelnen Autor gegeben hat, der den Text geschrieben hat. Sie datiert ihn auch erst auf die Mitte des 4. Jahrhunderts vor Chr. Unzählige Male wurde er in europäische Sprachen übersetzt, allerdings nur selten von kompetenten Wissenschaftlern. Auch bei diesen reicht die Bandbreite der Interpretationen indessen von einem Herrschaftstext mit machiavellistischen Zügen bis zu mystischer Erweckungsliteratur.

Ein zweites wichtiges Werk, das am Anfang des Daoismus steht, ist das Zhuangzi, das auf einen Meister Zhuang Zhou zurückgeführt wird, der im 4. oder 3. vorchristlichen Jahrhundert gelebt haben soll. Der Text setzt sich vermutlich aus verschiedenen Stücken zusammen, die über einen Zeitraum von mehreren Jahrhunderten, vielleicht bis ins 1. nachchristliche Jahrhundert hinein, geschrieben wurden. Das Material ist inhaltlich äußerst heterogen, doch ist Kritik am konfuzianischen Willen zur Ordnung der Welt zu erkennen. Konfuzianismus und Daoismus sind deshalb in späteren Zeiten gerne entlang dieser Linie geschieden worden: Die konfuzianische Lehre orientiert sich am äußeren, gesellschaftlichen Leben, die daoistische dient der inneren Zufriedenheit des Menschen. In späteren Zeiten gilt die Regel, dass Männer als Beamte tagsüber Konfuzianer sind, aber abends zu Hause Daoisten werden. Dass sich beide Einstellungen ausschlossen, scheint auch in der Zeit ihrer Entstehung eher die Ausnahme gewesen zu sein.

Ab dem 1. Jahrhundert n. Chr. zeichnen sich Konturen einer daoistischen Religion ab, die Laozi als Heiligen oder Gott verehrt. Kultische Bewegungen entstehen, Staaten im Staate mit eigenen religiösen Führern, die den Kaisern der Späteren Han-Dynastie die Macht in ihren Herrschaftsbezirken streitig machen. Lebensverlängerungsmethoden verschiedenster Art bieten sie ihren Anhängern an, Atemübungen (heute zum Beispiel bekannt als «Qigong»), Gymnastik (Vorläufer des auch hierzulande populären Taiji quan) und sogar Sexualübungen. Weil die Han-Dynastie kurz nach dem Entstehen der ersten dieser daoistischen Bewegungen zusammenbrach, rührt aus dieser Zeit eine Sorge, die chinesische Herrscher vieler späterer Dynastien plagte: dass nämlich das Aufkommen von Volkskulten ein Vorbote ihres eigenen Unterganges sein könnte. Zwischen dem 2. und dem 12. Jahrhundert wuchs der Daoismus zu einer religiösen Bewegung mit einer eigenen Mönchskultur heran. Unterschiedliche Schulen bildeten sich, von denen einige auch heute noch bestehen und das Bild der daoistischen Religion prägen.

62. Wann kam der Buddhismus nach China? Neben den beiden in China selbst entstandenen Denkrichtungen des Konfuzianismus und des Daoismus gibt es eine dritte große Lehre, die eher als diese beiden die Bezeichnung Religion führen kann: der Buddhismus. Wann er in China zum ersten Mal in Erscheinung trat, lässt sich nicht mit Bestimmtheit sagen, denn klar ist, dass es über die Seidenstraße schon sehr früh Kontakte von China nach Zentralasien und Indien gab. In verschiedenen, allerdings erst mehrere Jahrhunderte später niedergeschriebenen historischen Quellen werden buddhistische Gemeinden zum ersten Mal für die Epoche der Zeitenwende bzw. für die Zeit um etwa 50 n. Chr. erwähnt. Im 2. Jahrhundert beginnt der Buddhismus auch auf das chinesische Geistesleben Einfluss zu nehmen. Frühe chinesisch-buddhistische Schriften verteidigen ihn gegen den Vorwurf, die Gesellschaft zu schädigen. Um diese Zeit scheinen auch die ersten buddhistischen Werke nach China gekommen zu sein. Im 4. Jahrhundert beginnt dann eine größere Übersetzungsphase.

Zwischen dem 3. und dem 6. Jahrhundert breitet sich der Buddhismus – parallel zur gleichzeitigen Entfaltung des Daoismus – über ganz China aus. In dieser Ära beginnt auch seine Aufspaltung in unterschiedliche Schulen, die alle der Heilsrichtung angehören, die sich selbst als «Großes Fahrzeug» bezeichnet. Die im Westen wohl bekannteste chinesische Schule ist der Chan-Buddhimus. Dieser ist aufgrund der amerikanischen Besatzung in Japan nach dem Zweiten Weltkrieg besser unter dem Namen «Zen» bekannt, was jedoch nur eine japanische Variante des chinesischen Wortes Chan ist. Chan, das in etwa mit «Meditation» übersetzt werden kann, soll auf Bodhidharma, den Gründer dieser Richtung, zurückgehen, der um das Jahr 480 aus Indien nach China kam. Dort soll er jahrelang vor einer Wand sitzend meditiert und durch seine mönchische Strenge eine große Anhängerzahl um sich geschart haben. In der Folge wurde das Shaolin-Kloster in der heutigen Provinz Henan zum Stammkloster des Chan-Buddhismus. Bekannt geworden ist dieses vor allem als einer der wichtigsten Kristallisationspunkte für die chinesischen Kampfkünste, die so in engem Zusammenhang mit dem Chan-Buddhismus stehen. Allerdings gibt es auch daoistische Klöster (zum Beispiel in den Wudang-Bergen in Hubei), deren Mönche Kampfkünste betreiben. Überhaupt sind die Übergänge zwischen Buddhismus und Daoismus heute in vielen chinesischen Tempeln fließend. So braucht es nicht zu überraschen, wenn in einem buddhistischen Heiligtum eine Statue des Laozi steht oder umgekehrt in einem daoistischen diejenige des Buddha. Der Buddhismus, der sich im Laufe der Jahrhunderte herausgebildet hat, ist zumeist stark volkstümlich geprägt und von vielen Elementen durchsetzt, die chinesischem Volksglauben verhaftet sind und mit dem ursprünglichen indischen Buddhismus wenig zu tun haben.

63. Seit wann gibt es in China Christen? Das Christentum ist zwar später in China angekommen als der Buddhismus, doch gehört es ebenfalls zu den schon früh dort heimisch gewordenen Religionen. Im Jahr 781 wurde in der Nähe des heutigen Xi'an eine Stele aufgestellt, die von der Ankunft der christlichen Lehre des Nestorius im Jahr 635 kündet. Der Nestorianismus war 431 auf dem Konzil von Ephesos von der Kirche geächtet worden. Seine Anhänger hatten sich daraufhin auf Wanderschaft begeben. Einige von ihnen waren bis nach China und in die angrenzenden Türkenreiche gekommen, wo sie alsbald eine stattliche Gemeinde aufbauen konnten. Die Nestorianerstele wurde erst 1625 entdeckt und galt zunächst manchen in Europa als eine jesuitische Fälschung. Da aber heute zahlreiche christliche Grabsteine aus vorjesuitischer Zeit in China bekannt sind, gibt es kaum mehr einen Grund, an ihrer Echtheit zu zweifeln. Im 9. Jahrhundert war das Christentum Verfolgungen ausgesetzt, die sich eigentlich primär gegen den Buddhismus richteten, dessen Klöster zu derart üppiger ökonomischer Macht gelangt waren, dass das Kaiserhaus meinte, dagegen einschreiten zu müssen. Offenbar wurden die Religionen von der Staatsmacht damals nicht richtig auseinander gehalten. Allerdings überlebten die Nestorianer in Zentralasien, wo anscheinend ganze türkische und mongolische Stämme dieser Religion anhingen. Kunde davon drang auch nach Europa. Nach dem mongolischen Aufstieg zur Weltmacht schickten deshalb im 13. Jahrhundert europäische Fürsten und Päpste Briefe und Gesandtschaften in die Hauptstadt Karakorum, weil sie hofften, dort christliche Verbündete gegen die Muslime zu gewinnen, mit denen man während der Kreuzzüge im Streit lag. Indes überschätzte das Abendland damit die religiöse Begeisterung der Mongolen. Deren Herrscher ließen die Christen zwar gewähren, hatten aber kein Interesse daran, Religionspolitik zu betreiben. Immerhin konnte der Papst zu Anfang des 14. Jahrhunderts, als die Verbindungen zwischen Ost und West aufgrund der Pax Mongolica offenstanden, mit Johannes von Montecorvino sogar einen Bischof nach Peking entsenden. Nach dem 14. Jahrhundert aber geriet das Christentum offenbar in Vergessenheit, so dass die Jesuiten bei ihrer Ankunft Ende des 16. Jahrhunderts die Mission aufs Neue beginnen mussten.

64. Wird das Christentum heute unterdrückt? Das Christentum hat sich in China lange Zeit sehr schwer getan. Die Jesuiten konnten zwar anfänglich mit ihrer Strategie Erfolge erzielen, Angehörige der Oberschicht zu missionieren, um auf diese Weise nicht mit den von ihnen als Volksreligionen angesehenen Lehren des Buddhismus und des Daoismus konkurrieren zu müssen. Obwohl sie besonders bei den ersten Kaisern der Dynastie Qing aufgrund ihrer mathematischen und naturwissenschaftlichen Kenntnisse und ihrer exotischen Geschenke gern gesehene Gäste waren, erreichten sie doch letztlich nicht das ersehnte Ziel, einen exklusiven Religionsstatus zu erhalten. Europäische Streitigkeiten setzten der katholischen Mission im 18. Jahrhundert ein Ende. Im 19. Jahrhundert traten die Protestanten aggressiver auf: Viele unter ihnen versuchten den Chinesen zu suggerieren, der Katholizismus sei eine rückständige Version des Christentums gewesen. Zwar war Sun Yat-sen, der Gründer der chinesischen Republik, Christ, und auch Chiang Kai-shek, sein Nachfolger, der bis in die 1970er Jahre auf Taiwan regierte, konvertierte zum Christentum, doch blieb der christliche Einfluss dennoch marginal; zum Teil wohl auch, weil die Kirchen sich den Zorn vieler Chinesen zugezogen hatten, indem sie ungeniert mit den kolonialistischen Interessen europäischer Großmächte paktierten und Verbrecher der chinesischen Gerichtsbarkeit entzogen.

Die sozialistische Volksrepublik China erlaubte ihren Bürgern zwar anfänglich, ihrer Religion weiter nachzugehen, erlegte den Gemeinschaften aber strenge Regeln auf. So fasste sie die Katholiken in einer Patriotischen Katholischen Vereinigung zusammen, die seit den späten 1950er Jahren ihre Bischöfe ohne vorherige Abstimmung mit dem Vatikan selbstständig ernannte. Während der Kulturrevolution ging man drastisch gegen Religionen aller Art vor, um den Sozialismus aus seinem Anfangsstadium auf eine höhere Stufe zu katapultieren. Kirchen wurden zu Fabriken und Lagerhallen umfunktioniert, woraufhin viele Christen damals in den Untergrund gingen. Sie bildeten sogenannte Hauskirchen, in denen sie sich in privatem Rahmen trafen, um die Messe zu zelebrieren. Zwar wurden die Restriktionen gegen das Christentum nach Ende der Kulturrevolution wieder aufgehoben, doch blieben die meisten der Hauskirchen bestehen. So existiert heute in der Volksrepublik China ein Nebeneinander von offiziellen Staatskirchen – der protestantischen und der katholischen Kirche –, die in zwei patriotischen Vereinigungen organisiert sind, und halböffentlich und im Untergrund agierenden Gemeinden. Hauskirchen sind nach amtlich chinesischer Lesart nicht verboten, solange sie sich nicht gegen die Staatsmacht und die sozialistische Ideologie stellen. Trotzdem wird immer wieder gegen als Sekten bzw. Kulte bezeichnete Gruppierungen vorgegangen.

Ein gesondertes Problem betrifft das Verhältnis des Vatikan zu China: Dessen Anspruch, Bischöfe zu weihen, widerspricht nämlich der chinesischen Vorstellung, dass Religionen nicht vom Ausland aus gesteuert sein dürfen. Papsttreue Christen sahen sich in der Vergangenheit deshalb immer wieder Verfolgungen ausgesetzt. Indes ist die Lage in den letzten Jahren trotz immer wieder auftauchender Spannungen von dem beiderseitigen Bemühen geprägt, die gegenseitigen Positionen zu verstehen und zu Kompromissen zu gelangen. Katholiken sind deshalb von Repressionen offenbar weitaus weniger betroffen als Protestanten, die vor allem aufgrund der Mission amerikanischer Splittergruppen in allen Teilen Chinas immer wieder großen Zulauf erhalten.

65. Wie steht es mit der Religionsfreiheit? Fünf große Religionen erkennt die Volksrepublik China an: Buddhismus, Daoismus, Islam, Protestantismus und Katholizismus. Alle anderen Religionen gelten als «Kulte» und sind damit illegal, was aber nicht bedeutet, dass alle auch verfolgt würden. Aus diesem Grunde versuchen in China neue Glaubenslehren im allgemeinen, unter den Mantel einer der legalen großen Religionen zu schlüpfen – oder aber zu vermeiden, als Religionen bezeichnet zu werden. Jede der großen Konfessionen verfügt über eine staatliche Dachorganisation: Die Chinesische Buddhistische Vereinigung, die Chinesische Daoistische Vereinigung, die Patriotische Vereinigung der Katholiken Chinas, die Chinesische Islamische Vereinigung und die Chinesische Protestantenvereinigung. Offiziellen Zahlen zufolge gibt es im Augenblick etwa hundert Millionen Buddhisten, 18 Millionen Muslime, 15 Millionen Protestanten sowie vier Millionen Katholiken. Die Zahl der Daoisten ist nicht offiziell erfasst, wird aber von der Daoistischen Vereinigung

mit etwa sechzig Millionen angegeben. Hier ist indes Vorsicht geboten: Alle Religionen in China geben höhere Zahlen an als offiziell eingetragen sind. Sie haben damit teilweise recht, doch sollte man auch ihre Angaben kritisch betrachten. So gibt es selbstverständlich zahlreiche christliche Untergrundkirchen, die während der Kulturrevolution entstanden, als die Gläubigen in Hauskirchen umziehen mussten. Doch hier und da gestreute Angaben, es gebe mindestens siebzig bis hundert Millionen Protestanten und über dreißig Millionen Katholiken, sind sicherlich überzogen.

In den 1990er Jahren wurde aus den Reihen der Kommunistischen Partei mehrfach darauf hingewiesen, dass für das Machtmonopol des Staates durchaus Gefahren aus der munter sprießenden Vielfalt von Religionen drohten, weil sich ausländische Mächte dieses Vehikels bedienen könnten, um Gegenzentren zu etablieren. Nachdem mehrfach daoistische Kulte und chiliastische Heilsbewegungen, die sich zum Teil als protestantisch bezeichneten, verboten worden waren, kam es im Jahr 1999 zum Eklat, als Anhänger der Falun gong-Sekte zum Jahrestag des Tian'an men- Massakers auf dem Platz des Himmlischen Friedens zu demonstrieren versuchten. Zuvor hatten sogar extrem China-kritische Organisationen wie die amerikanische Human Rights Watch darauf hingewiesen, dass sich die Lage der Religionen in China stark verbessert habe und systematische Gewaltanwendung nicht nachzuweisen sei. Bürokratische Kontrolle sei an die Stelle von Willkür getreten. Nun aber wurde Falun gong verboten und die ideologische Kontrolle verschärft. Dabei verwies man allerdings immer wieder darauf, dass die großen Religionen an sich mit allen Mitteln des Rechts geschützt werden sollten – auch weil man sie als wertevermittelnd ansah und ansieht –, solange sie patriotisch seien. Gegen mehrere «Kulte» ist in den letzten Jahren mit großer Härte vorgegangen worden, wobei es eine Grauzone gibt, in der zum Beispiel protestantische Sekten als «Kulte» bezeichnet wurden, damit man sich ihrer entledigen konnte. Auch innerhalb der großen Vereinigungen kommt es immer wieder zu Problemen zwischen eher staatlich und eher religiös orientierten Personen. Das muss aber nicht unbedingt die Hauptkonfliktlinie sein: In der Buddhistischen Vereinigung hatte zum Beispiel für lange Zeit ein Laie den Vorsitz inne, während sein Nachfolger aus dem Klerus kommt, ohne dass dies die Haltung der Vereinigung als solcher geändert hätte.

66. Was für eine Religion ist Falun gong? Li Hongzhi, der Gründer der Falun gong-Sekte, die seit über zehn Jahren auch in Europa
und den USA bekannt ist, machte sich nach langem Armeedienst als
Arzt bzw. Heilpraktiker selbstständig und erzielte Anfang der achtzi-
ger Jahre große Erfolge durch den Einsatz traditioneller Heilmetho-
den und vor allem der Qigong-Techniken. Für diese wurde er auch
vom chinesischen Staat mehrfach ausgezeichnet. Wie dies früher
daoistische Mönche häufiger getan hatten, begann er, Anhänger um
sich zu scharen und eine eigene Lehre zu entwickeln, die zwar buddhistische Züge aufweist, andererseits aber gleichzeitig mit daoistischen Symbolen spielt. Der Name Falun gong zum Beispiel setzt sich
aus einem buddhistischen und einem eher daoistischen Teil zusammen: Falun heißt übersetzt das «Gesetzesrad», «gong» bedeutet
«Übung» und ist Bestandteil des Wortes «Qigong» (Atemübung).
Herrscher, die sich als Buddhisten verstanden (zum Beispiel die Kaiser der Qing-Dynastie), hatten in China den Titel eines «Raddreher-
königs» (Sanskrit: «Cakravarti») angenommen, weil sie das Rad der
Inkarnationen in Bewegung hielten und ihrem Volk ermöglichten,
den Kreislauf von Leben und Leiden zu verlassen. Li Hongzhi nimmt
für sich in Anspruch, all seinen Anhängern ein «Gesetzesrad» oder
«Dharmarad» in den Bauch einsetzen zu können, durch das sie Ener-
gie (qi) aufnehmen und ihren Körper kräftigen können. Er hat seinen
Geburtstag auf den 13. Mai abgeändert, der traditionell als Geburtstag des Buddha gilt, und bezeichnet seine Lehre in dem Traktat «Über
das Drehen des Gesetzesrades», den die buddhistische Swastika als
Symbol von Falun gong ziert, als buddhistisch. Ein Großteil seiner
Autorität beruht auf der erfolgreichen Heilung von Kranken. Daneben behauptet er, dass das Praktizieren von «Gesetzesradübungen»
den Alterungsprozess aufhalten könne. Auch Wunder soll er voll-
bracht haben. So erzählt er in seinem Traktat, dass er einen Anhänger, einen Hochhausbauarbeiter, dem ein langes Holzrohr auf den
Kopf zu fallen drohte, vor dem sicheren Tod errettet habe. Ein herbei-
geeiltes Dharmarad habe nämlich einen Unfall verhindert. Umgekehrt droht Li Hongzhi durchaus auch mit dem Tod: Einem Unruhe-
stifter, den er nicht als Mitglied aufnehmen wollte, weil er ihn als
Wiedergeburt eines als Schlange geborenen Daoisten der Ming-Zeit
identifizierte, zerschmolz Li nach eigenem Bekunden den Unterleib
und «vernichtete» ihn schließlich im Jahr 1993.

Das Zeichen «hong», das im Namen des Religionsgründers auf-

taucht, weckt übrigens Assoziationen an alte chinesische Geheimge-
sellschaften, unter anderem eine, zu der Sun Yat-sen gute Beziehungen unterhielt und die ihn dabei unterstützte, die Qing-Dynastie zu
stürzen. Wenig ist über die Organisationsform von Falun gong bekannt. Nach eigener Aussage brachte es die Sekte in ihren besten
Zeiten auf siebzig bis hundert Millionen Mitglieder, doch lässt sich
die Zahl nicht nachprüfen. Allgemein gilt, dass Religionsgemein-
schaften in China dazu tendieren, ihre Zahlen unrealistisch nach oben
zu korrigieren, während der Staat sie zu tief ansetzt. Li beharrt im
übrigen darauf, dass es seinen Anhängern verboten sei, Geld mit seinen Traktaten zu verdienen, obwohl diese nicht kostenlos verteilt
werden, wie dies bei buddhistischen Gruppierungen manchmal üblich ist. Dennoch ist er offenbar, wie viele andere Gründer neuer Religionen, durch seine Aktivitäten zu einem Vermögen gekommen.

67. Warum wird Falun gong in der Volksrepublik China bekämpft?

Obwohl auch zahlreiche andere daoistische Kulte und Gesundheits-
bewegungen, deren Anfänge von der Volksrepublik China mit Wohl-
wollen bedacht worden waren, während der neunziger Jahre unter
Beobachtung gestellt und zum Teil mit Verboten und Strafen belegt
wurden, gibt es im Falle von Falun gong doch einen Unterschied. Das
Verbot der Bewegung folgte nämlich auf ihren Versuch, zwischen
April und Juni 1999 zum zehnten Jahrestag des Massakers auf dem
Tian'an men-Platz Proteste zu inszenieren und dadurch die Massen
anzuziehen. Die Aktionen waren fast auf den Tag genau auf vergleichbare Vorfälle zehn Jahre zuvor terminiert, so dass es schwer fällt,
hierin einen Zufall zu sehen.

   In diese Phase fällt – was auf den ersten Blick mit Falun gong nichts
zu tun hat – die Bombardierung der chinesischen Botschaft in Belgrad durch unter NATO-Befehl stehende Kampfflugzeuge der USA.
Die Erklärung, dass die Piloten falsche Karten gehabt hätten, ist in
China nie geglaubt worden – sie scheint auch eine Standarderklärung
für militärisches Fehlverhalten zu sein, wie sie bei vergleichbaren
Vorfällen mehrfach abgegeben worden ist: von den USA, als 1998 ein
Kampfflugzeug in Cavalese eine Seilbahnschnur durchtrennte und
zwanzig Menschen in den Tod riss, ebenso wie von Israel, das im Li-
banonkrieg 2006 aus Versehen einen UN-Posten bombardierte. Die
Wogen schlugen nach der Botschaftsbombardierung in Belgrad sehr
hoch und hatten sich noch nicht beruhigt, als kurz darauf der tai-

wanesische Staatspräsident Lee Teng-hui in einem Interview sagte, die Beziehungen zwischen Taiwan und der Volksrepublik China seien zwischenstaatlicher Natur. Obwohl die USA damals offiziell dagegen Stellung bezogen, wurden sie von China aufgrund mehrerer Waffenlieferungen verdächtigt, Taiwans Unabhängigkeitsbestrebungen zu unterstützen.

Da Li Hongzhi, der Gründer von Falun gong, in die USA übergesiedelt war, galt die Gruppierung der Volksrepublik China mit Sicherheit nicht als Heilsbewegung, die vor allem Gesundheitsübungen lehrte, sondern als ein von der CIA ferngesteuerter Arm, dessen Bestreben es war, ein Gegenzentrum gegen die Kommunistische Partei aufzubauen und sie zu destabilisieren. Zum Verbot von Falun gong kam es also in einer Phase, in der die Führung der Volksrepublik China aus außenpolitischen Gründen übersensibilisiert war und hinter gleich mehreren unterschiedlichen Phänomenen eine amerikanische Politik der Nadelstiche vermutete. In der Folge wurde Falun gong zuerst als häretischer Kult und dann nach dem 11. September 2001 sogar als terroristische Vereinigung eingestuft.

68. Was sind Yin und Yang und die Fünf Elemente? Schon im 4. Jahrhundert v. Chr. soll ein Gelehrter namens Zou Yan die Lehre von den Fünf Elementen, die in allen Lebensbereichen zu finden seien, erdacht haben. Zu diesen Elementen gehören die Erde, die das Element der Mitte ist, das Wasser, das den Norden regiert, das Holz, das im Osten angesiedelt ist, das Feuer, das den Süden beherrscht, und das Metall im Westen. Alle fünf korrelieren gleichzeitig mit Farben: Die Erde ist gelb, das Wasser schwarz, das Holz grün bzw. blau, das Feuer rot und das Metall weiß. Viele andere Gleichungen können noch aufgemacht werden, von denen die Übertragung auf die fünf Organe des Körpers besonders wichtig ist, weil noch heute sämtliche maßgeblichen medizinischen Lehren darauf aufbauen: Das Herz gehört zur Erde, die Leber zum Wasser, die Milz zum Holz, die Lunge zum Feuer und die Nieren zum Metall. Damit verbunden wiederum sind bestimmte menschliche Gefühle, aber auch die fünf bekannten Planeten (Jupiter, Saturn, Mars, Venus und Merkur), die die Namen der Elemente tragen. Sie stehen möglicherweise am Ursprung dieses Systems.

Komplizierteste Gedankengänge verbinden sich mit Fünf-Elemente-Spekulationen vor allem seit dem 1. Jahrhundert v. Chr. So wurden auf der einen Seite Auf- und Niedergang von Dynastien mit den Elementen in Verbindung gebracht, auf der anderen Seite mussten einzelne Personen darüber Bescheid wissen, an welchen Tagen welches Element herrschte, um entsprechende Vorkehrungen zu treffen. Für wichtige Projekte den richtigen Tag zu wählen, war in China offenbar bereits seit Beginn der bekannten Geschichte üblich. Verschiedene Abfolgen der Elemente wurden erdacht, unter denen die beiden wichtigsten die Sequenz des gegenseitigen Besiegens (Holz besiegt Erde, Metall besiegt Holz – in Form von Werkzeugen –, Feuer besiegt Metall, Wasser besiegt Feuer, Erde besiegt Wasser) und diejenige des gegenseitigen Hervorbringens sind (Holz bringt Feuer hervor, Feuer Erde, Erde Metall, Metall Wasser und Wasser Holz).

Gepaart wurde die Elementenlehre mit derjenigen der beiden Urkräfte Yin und Yang, die schon in einem wohl aus dem 3. Jahrhundert v. Chr. stammenden Begleittext zum «Buch der Wandlungen», dem ältesten Text der chinesischen Tradition, erwähnt sind. Der Dualismus von Yin, dem dunklen, schattigen, und Yang, dem hellen, sonnigen Prinzip, ist fast noch wichtiger als die Elemente. Jedes Ding dieser Erde kann eine yin- und eine yang-Form annehmen, weil Yin und Yang Relationen sind. So ist ein Mann im Verhältnis zu seiner Frau Yang, während er als Untertan im Verhältnis zu seinem Herrscher Yin ist. Das am stärksten mit Yang behaftete Element ist natürlich das Feuer, sein Gegenteil Wasser ist Yin. Der Kreislauf des Jahres ist in starkem Maße von einem Anwachsen von Yang und einem Abnehmen von Yin in seiner ersten Hälfte und vom Gegenteil in der zweiten Hälfte charakterisiert. Dabei versiegen jedoch weder Yin noch Yang an den Extrempunkten (der Sommer- und der Wintersonnwende) ganz. Immer bleibt ein kleiner Rest bestehen, aus dem sich dann die Kräfte für einen neuen Aufschwung speisen.

69. Denken die Chinesen anders?   Chinas alte Philosophie stellt in der Tat andere Fragen als die griechische Philosophie in Europa: Während Plato nach der Wahrheit fragte, Aristoteles zeigen wollte, woraus sich die Welt zusammensetzt, er also Ontologie im wahrsten Sinne des Wortes betrieb, und spätere europäische Philosophen unter dem Einfluss des Christentums die Frage nach dem letzten Grund hervorhoben, blieb die klassische chinesische Philosophie großenteils eine praktische. Sie interessierte sich nicht für Ontologie, sondern für Methode. Das Wort «Dao», der «Weg», das sowohl im Daoismus als auch im Konfuzianismus zentrale Bedeutung hat, heißt eigentlich «Methode». Viele chinesische Philosophen möchten in ihren Texten, wenn man es vereinfachend sagt, durchaus Konstanten – zum Beispiel der Moral – lehren, doch ihr Grundansatz ist ein anderer: Es geht um das Erfassen des rechten Augenblicks, um das Abwägen der Umstände und darum, wie man sich bei Einhaltung der eigenen Prinzipien dennoch an neue Situationen anpassen und auf sie in so optimaler Form reagieren kann, dass Denken und Handeln der Umwelt positiv beeinflusst werden.

Man sollte aber nicht übersehen, dass es interessante Parallelen gibt: Die griechischen Kardinaltugenden, von denen Sokrates spricht, waren Gerechtigkeit, Weisheit, Besonnenheit und Tapferkeit. Bei den chinesisch-konfuzianischen, die bei Mengzi erstmals in dieser Vollständigkeit erwähnt sind, handelt es sich um Menschlichkeit, rechtliches Verhalten, Weisheit und zeremonielles Betragen, das durchaus mit Besonnenheit einhergehen kann. Auch in China forderten Philosophen vom Menschen, die Natur zu verstehen, um im Einklang mit ihr zu handeln, denn nur so könne er seine Umgebung erfolgreich lenken. Durch den Import buddhistischen Denkens kamen zudem über das Sanskrit eine Reihe von Konzepten ins Land, die an griechische Philosophie erinnern, wenn sie auch bei ihrer Rezeption mit chinesischen Begriffen umschrieben werden mussten und sich dadurch wandelten. Neokonfuzianische Denker, die teilweise unter buddhistischem Einfluss standen, entwickelten ab dem 11. Jahrhundert das alte Denken fort, begannen aber auch, neue Gedanken zu formulieren, die an ontologische Erklärungen des Westens erinnern: Sie sprachen über die Natur des Menschen und der Welt und über die Grundmuster der Dinge. Ihr ultimatives Ziel aber war nicht die Erkenntnis, sondern blieb der Weise, der durch Kultivation seiner selbst Ordnung in seine Umwelt bringt, segensspendend handelt und im Idealfall selbst zu einem Weltenlenker wird.

Kultur

70. Woher kommt das System der Tierkreiszeichen? Anders als der westliche Tierkreis, der die Bahn bezeichnet, die die Sonne im Laufe eines Jahres durch zwölf Sternzeichen zieht, umfasst der ostasiatische Tierkreis zwölf Jahre. Das erste Tierkreiszeichen ist die Ratte (zum Beispiel die Jahre 1960, 1972, 1984, 1996 und 2008), das zweite das Rind (1961, 1973, 1985, 1997, 2009) und das dritte der asiatische König der Tiere, der Tiger (1962, 1974, 1986, 1998, 2010). Es folgen Hase (1963, 1975, 1987, 1999, 2011), Drache (1964, 1976, 1988, 2000, 2012), Schlange (1965, 1977, 1989, 2001, 2013), Pferd (1966, 1978, 1990, 2002, 2014), Schaf (oder Ziege: 1967, 1979, 1991, 2003, 2015), Affe (1968, 1980, 1992, 2004, 2016), Hahn (1969, 1981, 1993, 2005, 2017), Hund (1970, 1982, 1994, 2006, 2018) und Schwein (1971, 1983, 1995, 2007, 2019).

Ursprünglich ist der Zyklus wohl an die knapp zwölf Jahre, die der Jupiter für die Umrundung der Sonne braucht, angelehnt. Alter und Herkunft sind unter chinesischen Gelehrten umstritten. Prominente Wissenschaftler in der ersten Hälfte des 20. Jahrhunderts erklärten, er komme eigentlich aus dem Vorderen Orient oder aus Indien. Einflussreich war auch die These einer zentralasiatischen Provenienz. Texte, die von chinesischen Archäologen in den letzten Jahrzehnten entdeckt wurden, haben indes den Argumenten derjenigen wichtige Unterstützung geliefert, die meinen, der Zyklus sei tatsächlich chinesisch. Bis dahin gab es in der chinesischen Literatur nur vereinzelte und nicht eindeutige Hinweise auf eine Existenz des Tierkreises schon vor der Reichseinigung zu Ende des 3. Jahrhunderts v. Chr.. Die Textfunde jedoch belegen die auch früher schon geäußerte Vermutung, dass die zwölf Tiere in China selbst eine wesentlich längere Geschichte haben müssen. Allerdings gibt es bisher nur undeutliche Hinweise darauf, dass sie damals bereits mit einem Kreis von zwölf Jahren, nicht etwa Monaten oder anderen Konstellationen, korreliert hätten. Die erste eindeutige Angabe in diese Richtung findet sich erst in einem zu Beginn der Tang-Zeit (618–907) verfassten Werk zur Geschichte einer kurzlebigen Dynastie, die gegen Ende des 5. Jahrhunderts über Südchina herrschte. Darin werden mehrere Männer einzelnen Tierkreiszeichen zugeordnet, ohne dass allerdings daraus schon Charaktereigenschaften abgelesen würden. Die Tang-Dynastie aber ging eine enge Verbindung mit zentralasiatischen Nachbarstaaten und -völkern ein, bei denen der Zyklus offenbar bereits sehr früh verbreitet war. Er wird sowohl in den frühesten Zeugnissen der alttürkischen Literatur des 11. Jahrhunderts erwähnt als auch in der ersten mongolischen Chronik, der Geheimen Geschichte der Mongolen, die im 13. Jahrhundert verfasst wurde, zur Jahreszählung verwendet.

Diese Tatsache stärkte die These einer zentralasiatischen Herkunft des Tierkreises, wenn sie natürlich auch mindestens genauso plausibel als Hinweis darauf gelesen werden kann, dass Zentralasien schon sehr früh starkem chinesischem Einfluss unterlag. In der chinesischen Literatur werden übrigens Charaktereigenschaften, die mit dem Geburtsjahr zusammenhängen könnten, kaum thematisiert, sicherlich weil dies Literaten gesellschaftlich hohen Ranges für volkstümlich und unangemessen hielten. Daher ist die mittlerweile auch im Westen blühende Ratgeberliteratur mit Vorsicht zu genießen – in ihr stehen vermutlich viele Einsichten, die nicht viel älter sind als das Papier, auf dem sie gedruckt sind.

71. Wie funktioniert der Kalender? Wie in vielen anderen Ländern, sind Zeitenwechsel auch in China gerne mit einem Kalenderwechsel verbunden gewesen. So verwundert es nicht, dass nach der Revolution 1911 ein neuer Kalender eingeführt wurde, der mit 1912 als dem ersten Jahr der chinesischen Republik begann. In der Republik China auf Taiwan ist dieser nach wie vor in Kraft, weshalb man bei offiziellen taiwanesischen Jahresangaben (der westliche Kalender setzt sich allerdings in den Medien immer stärker durch) grundsätzlich elf Jahre hinzuzählen muss, um auf das richtige Datum zu kommen. Das Jahr 2008 ist beispielsweise das Jahr 97 der chinesischen Republik; zählt man zu 97 die Zahl 11, dann kommt man auf 108 und kann davon die 2008 ableiten. In der Volksrepublik China wurde nach dem Sieg der Kommunistischen Partei 1949 die westliche Jahreszählung eingeführt, wobei das Jahr 1949 im allgemeinen Sprachgebrauch auch heute noch eine Zeitenwende darstellt. Dafür sind die Redewendungen «vor» bzw. «nach der Befreiung» gängig.

Parallel zur jeweiligen offiziellen Zeitrechnung gibt es allerdings nach wie vor den chinesischen Bauernkalender, der ab dem Frühlingsfest des Jahres 2008 schon das Jahr 4706 schreibt. Diese Zählung nimmt ihren Anfang mit dem Herrschaftsantritt des mythischen Gelben Kaisers 2697 v. Chr. Schon die ältesten chinesischen Texte zeugen von der Existenz eines Systems zyklischer Zeichen, auf denen die Tagezählerei basierte. Dabei handelt es sich um zwei Reihen, die zehn bzw. zwölf Zeichen umfassen. Die eine dieser Reihen wird «Himmelsstämme», die andere «Erdzweige» genannt, wobei die Erdzweige mit den zwölf Tierkreiszeichen korrelieren. Da viele der zyklischen Zeichen keine weitere semantische Bedeutung haben, ist ihr ursprünglicher Sinn höchst umstritten. Und weil zudem eine Rekonstruktion der altchinesischen Lautwerte dieser Zeichen ergab, dass keines davon im Anlaut gleich war, wurde sogar die Hypothese aufgestellt, es könne sich dabei um eine Art Alphabet gehandelt haben. In der Kalenderzählung werden die Himmelsstämme mit den Erdstämmen nach einem durchlaufenden System kombiniert. Dabei nimmt die Kombination der Nummer eins der Himmelsstämme mit der Nummer eins der Erdstämme die erste Stelle in einem Zyklus ein, der bei Fortführung (1–1, 1–2, 3–3 ... 10–10, 1–11, 1–12, 3–1, 4–2 ..., 10–8, 1–9, 1–10, 3–11, 4–12, 5–1etc. bis zu 9–11 und 10–12) bis zur Zahl sechzig führt, da auf diese Weise jeder der zehn Himmelsstämme mit sechs der Erdzweige kombiniert werden kann.

Der chinesische Sechzigerzyklus wurde etwa in der Zeit des westlichen Jahres Null von der Tagezählerei auch auf die Jahre übertragen. Vom Regierungsantritt des Gelben Kaisers an gerechnet, befinden wir uns deshalb im Jahr 2008 westlicher Zeitrechnung im 26. Jahr des 79. Sechzigerzyklus, das mit dem fünften Himmelsstamm und dem ersten Erdzweig, der gleichzeitig für die Ratte steht, beschrieben wird. Die zehn Himmelsstämme sind immer in Paaren auf die Fünf Elemente verteilt, so dass jedes der zwölf Tiere in Form von fünf verschiedenen Elementen auftauchen kann: Es gibt zum Beispiel ein dem Holz, ein dem Feuer, ein der Erde, ein dem Metall und ein dem Wasser zugeordnetes Ratten-Jahr. Obwohl es alle zwölf Jahre ein Ratten-Jahr gibt, wiederholt sich also erst nach sechzig Jahren das Holz-Ratten-Jahr.

Allerdings sollte der Leser nicht glauben, dass jeder Chinese die korrekte Kombination der Elemente mit den Tieren im Sechzigerzyklus auch heute noch beherrscht. Das Jahr 2007 zum Beispiel gehört eindeutig dem Schwein, das im Element Feuer steht. Dennoch ist in China allerorten die Rede davon, es handele sich um ein Gold- (oder: Metall-), nicht ein Feuer-Jahr. Das Goldene Schwein gilt nämlich als in finanzieller Hinsicht besonders glückbringend. Deshalb wurde sehr wahrscheinlich die Mär, es handele sich bei 2007 um ein solches Jahr, gezielt in dem Vertrauen darauf gestreut, dass den Irrtum ohnehin niemand bemerken werde, mit der Absicht, die Menschen zu einem freigebigeren Umgang mit ihrem Geld zu verlocken. Im Internet kursieren übrigens für Insider allerhand raffinierte Erklärungen, warum ein Feuer-Schwein-Jahr ausnahmsweise auch als Gold-Schwein-Jahr bezeichnet werden dürfe.

Das Jahr des Bauernkalenders ist in zwölf Monate zu 29 bzw. 30

Die zehn Himmelsstämme:

1	2	3	4	5	6	7	8	9	10
甲 jia	乙 yi	丙 bing	丁 ding	戊 wu	己 ji	庚 geng	辛 xin	壬 ren	癸 gui
Holz	Holz	Feuer	Feuer	Erde	Erde	Metall	Metall	Wasser	Wasser

Die zwölf Erdzweige:

1	2	3	4	5	6	7	8	9	10	11	12
子 zi	丑 chou	寅 yin	卯 mao	辰 chen	巳 si	午 wu	未 wei	申 shen	酉 you	戌 xu	亥 hai
Ratte	Rind	Tiger	Hase	Drache	Schlange	Pferd	Schaf (Ziege)	Affe	Hahn	Hund	Schwein

1 甲子 jiazi = 1+1	2 乙丑 yichou 2+2	3 丙寅 bingyin 3+3	4 丁卯 dingmao 4+4	5 戊辰 wuchen 5+5
6 己巳 jisi 6+6	7 庚午 gengwu 7+7	8 辛未 xinwei 8+8	9 壬申 renshen 9+9	10 癸酉 guiyou 10+10
11 甲戌 jiaxu = 1+11	12 乙亥 yihai = 2+12	13 丙子 bingzi = 3+1	14 丁丑 dingchou = 4+2	15 戊寅 wuyin 5+3
16 己卯 jimao 6+4	17 庚辰 gengchen 7+5	18 辛巳 xinsi 8+6	19 壬午 renwu 9+7	20 癸未 guiwei 10+8
21 甲申 jiashen = 1+9	22 乙酉 yiyou = 2+10	23 丙戌 bingxu 3+11	24 丁亥 dinghai 4+12	25 戊子 wuzi = 5+1
26 己丑 jichou = 6+2	27 庚寅 gengyin 7+3	28 辛卯 xinmao 8+4	29 壬辰 renchen 9+5	30 癸巳 guisi = 10+6

31 甲午 jiawu = 1+7	32 乙未 yiwei = 2+8	33 丙申 bingshen 3+9	34 丁酉 dingyou 4+10	35 午戌 wuxu 5+11
36 己亥 jihai 6+12	37 庚子 gengzi = 7+1	38 辛丑 xinchou = 8+2	39 壬寅 renyin 9+3	40 癸卯 guimao 10+4
41 甲辰 jiachen = 1+5	42 乙巳 yisi = 2+6	43 丙午 bingwu 3+7	44 丁未 dingwei 4+8	45 戊申 wushen 5+9
46 己酉 jiyou 6+10	47 庚戌 gengxu 7+11	48 辛亥 xinhai 8+12	49 壬子 renzi = 9+1	50 癸丑 guichou = 10+2
51 甲寅 jiayin = 1+3	52 乙卯 yimao 2+4	53 丙辰 bingchen 3+5	54 丁巳 dingsi 4+6	55 戊戌 wuwu 5+7
56 己未 jiwei 6+8	57 庚申 gengshen 7+9	58 辛酉 xinyou 8+10	59 壬戌 renxu 9+11	60 癸亥 guihai 10+12

Tagen unterteilt. Da auf diese Weise natürlich keine 365 Tage zusammenkommen, müssen in sieben von 19 Jahren Schaltmonate eingeschoben werden. Auf diese Weise verschiebt sich der Jahresanfang ständig. Allerdings ist festgelegt, dass die Wintersonnwende grundsätzlich im elften Monat zu liegen hat, so dass der Jahresanfang auf den ersten oder zweiten Neumondtag des westlichen Kalenders zwischen Mitte Januar und Mitte Februar fällt. Die vier Jahreszeiten sind also gegenüber dem westlichen Kalender versetzt. Zudem sind die zwölf Monate in je zwei Teile untergliedert, die einerseits mit den Anfängen der Jahreszeiten, den Sonnwenden und den Tag- und Nachtgleichen beginnen, aber auch nach bestimmten zu erwartenden Kalenderereignissen benannt sind (im Winter gibt es zum Beispiel die Abschnitte «Kleiner Schnee» und «Großer Schnee» oder «Kleine Kälte» und «Große Kälte»).

Wenn der Leser auf den Sechzigerzyklus auf S. 118/19 schaut, dann wäre die nächste Kombination nach der letzten Angabe (guihai) in der Tabelle logischerweise wieder «jiazi», da nun sowohl die Himmelsstämme als auch die Erdzweige an ihrem Ende angelangt sind. Die letzten beiden jiazi-Jahre fielen übrigens auf 1924 und 1984. Da «zi» der Ratte zugeordnet ist und «jia» dem Holz (siehe die oberen beiden Tabellen), handelte es sich jeweils um «Holz-Ratten-Jahre». Das Jahr 1991 war dementsprechend z. B. ein xinwei-Jahr (Nr. 8 des Zyklus), das auch als Metall-Schafs-Jahr bezeichnet wurde. 2007, 16 Jahre später, war dann ein dinghai-Jahr, also ein Feuer-Schwein-Jahr. Nach diesem Muster lassen sich sämtlichen Jahren leicht ihre Pendants im Zyklus zuordnen. Zum Beispiel muss natürlich das Jahr 784, da es 20 Sechzigerzyklen vor dem Jahr 1984 liegt, ebenfalls ein jiazi-Jahr gewesen sein.

72. Welche Feste feiern die Chinesen?

Auf zwei Traditionen gehen die Feste der Chinesen heute zurück: einerseits auf den traditionellen Bauernkalender, andererseits auf die Kommunistische Partei. Das offiziell höchste Fest ist der Nationalfeiertag am 1. Oktober, an dem die Gründung der Volksrepublik China im Jahr 1949 gefeiert wird. Zum westlich-sozialistischen System gehört außerdem der 1. Mai. Für die Chinesen am wichtigsten ist jedoch das Neujahrsfest des Mondjahres, das grundsätzlich in den Januar oder Februar fällt (s. Frage 71) und in seiner Bedeutung dem westlichen Weihnachten (das in China übrigens nicht oder kaum gefeiert wird) gleichkommt.

Die unterschiedlichen Rhythmen von Ost und West führen auf beiden Seiten übrigens nicht selten zu falschen Reiseplanungen. Für die Anbahnung von Geschäftsterminen sollte man berücksichtigen, dass die beiden Wochen vor und nach dem Neujahrsfest für Chinesen etwa denselben Rang einnehmen wie die Wochen zwischen dem 24. Dezember und dem 6. Januar bei uns. Das Frühlingsfest ist im allgemeinen für den Besuch der engeren Familie und von guten Freunden reserviert, mit denen vor allem gegessen und getrunken wird.

Reisen sollen die Chinesen um den 1. Oktober und den 1. Mai herum, ein Brauch, der aber erst vor wenigen Jahren eingeführt wurde: Da die Sparquote immer mehr zunahm und die Wirtschaft begann, deflationäre Tendenzen zu zeigen, wurde der Bevölkerung, die Urlaub zuvor nicht offiziell kannte, zu diesen beiden Daten jeweils eine sogenannte «Goldene Woche» (offiziell drei Tage Urlaub) verordnet, die dem Geldausgeben dienen soll.

In die Reihe der offiziellen Feiertage gehören auch der westliche Neujahrstag, der Internationale Frauentag (8. März), der Baumpflanztag (12. März), das Chinesische Jugendfest (4. Mai), der Internationale Kindertag (1. Juni), der Gründungstag der Volksbefreiungsarmee (1. August) sowie der Tag des Lehrers, der auf den 10. September fällt und damit in verdächtiger Nähe zum Geburtstag des Lehrers Konfuzius liegt, der auf Taiwan am 28. September gefeiert wird, in der Volksrepublik China aber erst seit einigen Jahren wieder begangen wird, ohne aber ein Feiertag zu sein.

Emotional von größerer Bedeutung sind für die Chinesen allerdings die traditionellen Feiertage, unter denen aus einer Vielzahl von Daten neben dem Frühlingsfest sechs Tage besonders hervorzuheben sind. Der 15. Tag des ersten Monats heißt Laternenfest und wird, wie der Name vermuten lässt, mit der andächtigen Betrachtung von Lampions gefeiert. An diesem Tag werden Klebreisbällchen mit einer süßen Füllung gegessen, die als Symbol für den Zusammenhalt mit Freunden in der Ferne gelten. Grundsätzlich um den 5. April herum findet das Totenfest der hellen Klarheit statt, das der Erinnerung an die Verstorbenen dient. Besondere Aufmerksamkeit schenkt der Bauernkalender überdies den doppelten Zahlen der ungeraden Reihe: Die Doppelfünf, also der fünfte Tag des fünften Monats, ist das Drachenbootfest, die Doppelsieben ein romantisches Hochsommerfest und die Doppelneun das Chrysanthemenfest. Mit all diesen Tagen sind alte Legenden verbunden: Das Drachenbootfest erinnert an den

Dichter Qu Yuan, der sich im 3. Jahrhundert v. Chr. das Leben nahm, indem er sich in einen Fluss stürzte. Um den Hunger der Geister von Selbstmördern zu stillen, die die Lebenden nicht bei der Arbeit stören sollten, warfen später Fischer Gaben von in Bambus gewickeltem Klebreis in die Flüsse. Daher werden heute am Doppelfünftag neben der Abhaltung von Bootsrennen solche Zongzi genannten Bambus-reisdreiecke gegessen. Die Doppelsieben ist das Fest der unverheirateten Mädchen. An diesem Tag wird der romantischen Geschichte vom Hirtenjungen und dem Webermädchen gedacht, die nach drei-jähriger Ehe von göttlicher Hand getrennt und ans Firmament ge-setzt wurden, wo sie einander seitdem auf ewig als Sterne über die Milchstraße hinweg anblicken. Nur am siebten Tag des siebten Mo-nats, zumeist also im Hochsommer, können sie einmal im Jahr über eine von Elstern gebaute Brücke zueinander gelangen. Zur Doppel-neun schließlich wird die Chrysanthemenblüte gefeiert. Ein weiterer zentraler Tag ist der Mittherbsttag am fünfzehnten des achten Mo-nats. An diesem Tag isst man sogenannte Mondkuchen, große Kekse mit einer Füllung aus Sojabohnenpaste.

73. Welche europäischen Literaturgattungen kannte das traditio-nelle China? Die Geschichte der chinesischen Literatur beginnt – anders als in Europa – nicht mit einem Epos. Jedoch sind eine Reihe von anderen literarischen Genres in China schon früh bekannt: Aus Gedichten und Oden besteht das Buch der Lieder, dessen Anfänge allgemein in das 8. vorchristliche Jahrhundert datiert werden. Die Dichtkunst war neben der Essayistik bis zum Ende des Kaiserreichs die Königsdisziplin der literarischen Gattungen, wobei sie sich im Laufe der Jahrhunderte in verschiedene metrische Typen aufgliederte.

Vorformen von Romanen bzw. Novellen finden sich spätestens in der Han-Zeit (200 v. Chr. – 200 n. Chr.). Eine besondere Blüte erlangte die Novelle unter den Tang (600–900 n. Chr.), der klassische Roman ist eine späte Entwicklung, obwohl er verglichen mit anderen Regio-nen der Welt früh auftrat: Die berühmtesten großen Romane, die zum Teil frühe Motive aufgreifen, erhielten im 16. bis 18. Jahrhun-dert ihre endgültige Form. Die erzählende Literatur entspringt im übrigen in ihren Anfängen aus der wesentlich älteren Geschichts-schreibung.

Theater dürfte es früh gegeben haben, doch galt es als niedere Gat-tung, so dass wir kaum Aufzeichnungen über Stücke dieser Phase haben. Erst mit der Tang-Zeit beginnen diese allmählich Gestalt anzunehmen. Unter den Mongolen kam es zur Blütezeit des Dramas, doch verbreitet sich der Strom der Theaterliteratur in den Jahrhunderten danach.

Neben diesen großen Gruppen gibt es zahllose Kleinformen: Briefe, Reiseliteratur, Throneingaben, Grabinschriften und Stelentexte, die einen großen Teil des Werkes traditioneller chinesischer Literaten ausmachten. Wenn Chinesen ihre Literaturgeschichte in einem Satz zusammenfassen wollen, dann kategorisieren sie folgendermaßen: «Unter den Han gab es die poetische Darlegung ausführlicherer Themen, unter den Tang das klassische Regelgedicht in vier oder acht Versen zu fünf oder sieben Zeichen, unter den Song das metrische Kunstlied, unter den Yuan (Mongolen) die Dramenarien und unter den Ming und den Qing den klassischen Roman.»

74. Aus welchen Werken bestand der traditionelle Wissenskanon?
Im 2. Jahrhundert v. Chr. wurde die Kenntnis von Teilen eines Kanons, der fünf bzw. sechs kanonische Schriften umfasste, zum Standard für die Aufnahme in die kaiserliche Bürokratie gemacht. Dabei handelte es sich zum einen um das «Buch der Wandlungen» (Yijing), ein Werk aus der Zeit des beginnenden 1. Jahrtausends v. Chr., das der Divination diente und heute in der Übersetzung Richard Wilhelms auch im deutschsprachigen Raum zahlreiche Liebhaber hat. Zweitens um das «Buch der Urkunden» (Shangshu oder Shujing), eine Sammlung von Reden, in denen steht, wie die Gründer der Dynastie Zhou – und angeblich noch früherer Dynastien – das Reich durch segenbringende politische Maßnahmen ordneten. Wichtig war auch das «Buch der Lieder» (Shijing), in dem etwa 300 Gedichte versammelt sind, denen die Tradition einen politisch-moralischen Sinn unterlegt hat, sowie ein Kompendium von Ritenschriften mit dem Titel Yili und schließlich als einziges Werk, das Konfuzius selbst verfasst haben soll, die Frühlings- und Herbstannalen, eine Chronik seines Heimatstaates. Dazu trat ein Musikklassiker, über den wir allerdings heute nicht mehr viel wissen. Die einzelnen Texte wurden in unterschiedlichen Auslegungsarten vermittelt. Besonders über den Inhalt der Lieder und der Annalen gab es nämlich erhebliche Differenzen. Auch der Ritenbereich fächerte sich bald weiter auf. Zu dem eigentlichen Klassiker traten die «Aufzeichnungen über die Riten» (Liji), die offenbar ursprünglich den Charakter eines Kom-

mentars hatten, bald aber mehr Bedeutung bekamen als das Yili selbst, und die «Riten der Zhou» (Zhouli), in denen eine wahrscheinlich fiktive Ämterhierarchie der Zhou-Dynastie festgelegt war.

Auf insgesamt 13 Kanonische Schriften kam China unter der letzten Dynastie, nachdem die erwähnten Kommentare und Ergänzungen sowie einige weitere Texte hinzugefügt worden waren. Obwohl der Kanon also recht umfangreich war, hat man ihn doch im allgemeinen einfach unter dem Begriff «Die Fünf kanonischen Schriften» gefasst. Er sollte bis zur großen Prüfungsreform des Jahres 1905 über einen Zeitraum von zweitausend Jahren Bestand haben: Die kanonischen Schriften standen in ihrer Bedeutung nicht hinter dem zurück, was die Bibel für den Westen war. Gebildete Personen hatten, übrigens nicht nur in China sondern in späteren Jahrhunderten auch in den angrenzenden Ländern Ostasiens, ab der Zeit der Tang zusätzlich die ersten drei von insgesamt 24 Dynastiegeschichten zu kennen: Die «Aufzeichnungen des Historiographen» (Shi ji), die eine Darstellung der Geschichte Chinas von den Anfängen bis zum Ende des 2. Jahrhunderts v. Chr. sind, das «Buch der [Früheren] Han» (Han shu) des Ban Gu (31–92 n. Chr.), das den Zeitraum von etwa 200 v. Chr. bis 0 abdeckt, und das «Buch der Späteren Han» des Fan Ye (398–445) für die ersten zwei nachchristlichen Jahrhunderte. Manchmal trat auch ein viertes Geschichtswerk hinzu, die «Traktate über die Drei Dynastien» (Sanguo zhi) des Chen Shou (233–297), die sich besonders in späterer Zeit großer Beliebtheit erfreuten. Nicht selten findet man als Zusammenfassung für diesen Kanon die Formel von den «Fünf kanonischen Schriften und den drei Geschichtswerken» (wu jing san shi).

Im 12. Jahrhundert machte sich eine Reformbewegung um den Philosophen Zhu Xi (1130–1200) daran, den offenbar aufgrund der vielen Auslegungen zu umfangreich gewordenen Kanon der «Fünf Schriften» zu reduzieren. Zhu Xi betonte für das Grundwissen nur noch die Notwendigkeit der Kenntnis zweier kurzer Ritenkapitel, nämlich der «Schrift von Maß und Mitte» und des «Großen Lernens», sowie der «Gespräche des Konfuzius» und des «Mengzi». Diese vier Texte übertrafen den alten Kanon bald an Bedeutung. Zusammen werden sie unter dem Begriff die «Vier Bücher» geführt. In den Jahrhunderten nach 1600 wurden sie zum Inbegriff des konfuzianischen Denkens in ganz Ostasien.

75. Welche literarischen Werke sollte man kennen? Die kanonischen Schriften des chinesischen Altertums kann der interessierte Laie kaum alle kennen. Wenn dennoch eine Auswahl getroffen werden muss, dann sollten unter den alten Werken das «Buch der Wandlungen» und die «Gespräche des Konfuzius» den Vorrang erhalten. Von den Tang-Dichtern sind die beiden wichtigsten Li Bo (heute auch Li Bai ausgesprochen) und Du Fu, die zahlreiche deutsche Dichter des 19. und beginnenden 20. Jahrhunderts nachhaltig beeinflusst haben. Schließlich sind da die großen chinesischen Romane. Unter diesen ragt heute der «Traum der Roten Kammer» hervor, der im 18. Jahrhundert von Cao Xueqin und Gao E verfasst oder redigiert wurde. Dieses Werk kennt jeder gebildete Chinese, und sogar etliche ohne hohen Bildungsstand werden über seine Figuren Auskunft geben können, da das Fernsehen ihn in den 1980er Jahren in einer vierzigteiligen Serie noch berühmter gemacht hat, als er ohnehin schon war. Die bekannte Übersetzung von Franz Kuhn gibt übrigens leider nur einen sehr unvollständigen Eindruck von der Tiefgründigkeit dieses Werkes. Ein Vorläufer des «Traumes der Roten Kammer» war der erotische Roman «Jin Ping Mei», der bereits im 16. Jahrhundert verfasst wurde und sowohl in Europa als auch in China lange Zeit auf dem Index stand. Noch heute ist er in China mit einem Tabu belegt und wird in der alten Aufzählung der vier großen Romane der Ming-Zeit («Die Räuber vom Liangshan Moor», «Die Reise in den Westen», «Die Drei Reiche» und das «Jin Ping Mei») zumeist einfach weggelassen und durch den viel späteren, aber dafür salonfähigen

«Traum der Roten Kammer» ersetzt. Dennoch handelt es sich um ein herausragendes Stück chinesischer Literatur.

Und das 20. Jahrhundert? Einen Schriftsteller, der vor allem durch Kurzgeschichten hervorgetreten ist, sollte man auf jeden Fall kennen: Lu Xun hat in seiner «Wahren Geschichte des A Q», der Erzählung «Kong Yiji» oder dem «Tagebuch eines Verrückten» insbesondere die Verlierertypen dargestellt, arme Repräsentanten eines untergegangenen traditionellen China, die nicht merken, dass sich die Zeiten gewandelt haben – und damit für einen großen Teil der chinesischen Bevölkerung seiner Zeit stehen. Im Gegensatz zu Gao Xingjian (geb. 1940) hat Lu Xun den Nobelpreis nicht erhalten. Dennoch hält man ihn in China bis heute für den größten Literaten, den die in modernem Chinesisch verfasste Literatur hervorgebracht hat. Neben ihm verblassen auch die zahlreichen Dichter der Gegenwart.

76. Wie funktioniert der Buchmarkt? Lange Jahre war der Buchmarkt der Volksrepublik China unter zentraler Kontrolle. Mit dem Xinhua shudian, dem «Buchladen des Neuen China», gab es eine Institution, die im ganzen Land vertreten war und den Markt beherrschte. Da diese «Buchladenkette» staatlich gelenkt war, konnte sie auch den Publikumsgeschmack steuern. Das hatte seine Vor- und Nachteile: Einerseits beherrschten zahlreiche Schriftsteller die Ladenregale, die zwar politisch konform waren und zum Teil sogar in staatlichem Auftrag schrieben, aber beim zahlenden Publikum nur wenig echtes Interesse erweckten. Auf der anderen Seite konnte Xinhua shudian auch Publikationen herausbringen, die hohen literarischen, künstlerischen oder wissenschaftlichen Wert hatten, von denen aber absehbar war, dass sie wenig einbringen würden. Seit den 1990er Jahren jedoch ist auch das Monopol von Xinhua gefallen. Die über sechshundert chinesischen Verlage, die mittlerweile sowohl im Buch- als auch im Zeitschriftensegment obendrein von ausländischen Verlagshäusern Konkurrenz bekommen haben, sind den Gesetzen und Zwängen des Marktes unterworfen. Sie haben ihre Produktpalette deshalb stark verändert, mit der Folge, dass auch die Zahl der verlegten Titel massiv angestiegen ist. Im Jahr 2002 betrug sie 171 000 Stück.

Zensur gibt es nach wie vor; von ihr sind ausländische Verlage gleichermaßen betroffen. Meistens wird sie als «Qualitätssicherung» kaschiert, dient aber vornehmlich dazu, Inhalte aus dem Buchwesen fernzuhalten, die dem Staat nicht opportun erscheinen. Sie richtet sich gegen Pornographie, aber natürlich auch gegen politische Themen. Viele volksrepublikanische Autoren lassen ihre Bücher heute übrigens in taiwanesischen Verlagen erscheinen, weil sie dadurch mehr Geld verdienen können und einen ganz anderen Markt erreichen. Umgekehrt drohen Publikationen aus der Volksrepublik China durch ihre günstigeren Preise den Buchmarkt auf Taiwan auf den Kopf zu stellen.

Nach wie vor gibt es eine Besonderheit auf dem chinesischen Buchmarkt: Dies sind Publikationen, die den Vermerk «Für interne Zirkulation» (neibu) tragen. Weder dürfen Ausländer solche Bücher kaufen noch Chinesen sie Ausländern per Post schicken. Hinter dem Wort «neibu» verbirgt sich zwar nicht selten politisch Brisantes, oft handelt es sich aber auch nur um im Widerspruch zu bestimmten offiziell gegebenen Informationen Stehendes, um Raubdrucke oder um Bücher ohne eine reguläre ISBN-Nummer.

77. Warum legten die alten Chinesen ihren Toten Bücher ins Grab?

1974, auf dem Höhepunkt der Kulturrevolution, wurde in einem Grab in der Nähe der Hauptstadt der südchinesischen Provinz Hunan, das im Jahr 168 v. Chr. verschlossen worden war, eine große Anzahl von Texten gefunden, die auf Seide geschrieben waren. Einige altbekannte Schriften waren darunter, die zwar in kleinen Details von ihren überlieferten Gegenstücken abweichen, aber im großen und ganzen Vertrauen in die seit zweitausend Jahren abgeschriebenen Texte wecken. Viele jedoch waren bis dahin unbekannt gewesen. Auch die alten chinesischen Quellen berichten von ähnlichen Grabfunden in früher Zeit, und vereinzelte Texte hatte man im 20. Jahrhundert auch schon vor 1974 entdeckt. Doch die Fülle des neuen Materials war einzigartig. Es dauerte lange, bis die Schriften der wissenschaftlichen Öffentlichkeit vorgelegt wurden – und einige Teile sind bis heute nicht in korrekter Form publiziert. Seit 1974 wurden immer mehr Gräber geöffnet und immer mehr Texte aus einem Zeitraum zwischen etwa 300 v. Chr. und 300 n. Chr. zutage gefördert, wobei vereinzelte Stücke auch noch älter sind. Seide ist dabei als Schriftträger verhältnismäßig selten. Die große Mehrzahl der alten Schriften wurde vielmehr auf Bambus- und Holzleisten aufgetragen. Dass sich die Texte so gut erhalten haben, hängt mit den Bedingungen in den Gräbern, aus denen sie kommen, zusammen – entweder konstant große Trockenheit oder aber Feuchtigkeit. Obwohl die Schrift nicht sehr stark von der heute verwendeten abwich, beschäftigt die Entzifferung der Texte eine große Zahl von Paläographen. Dies liegt vor allem daran, dass immer wieder Zeichen vorkommen, die es heute nicht mehr gibt, bzw. dass heutige Zeichen in abgewandelter Form geschrieben wurden.

Warum die alten Chinesen ihren Vorfahren in die Unterwelt Texte mitgaben, ist unbekannt. Manchmal finden sich zwar Schriften, die als Briefe an Unterweltsbeamte – man stellte sich offenbar vor, dass im Jenseits eine ähnliche Bürokratie herrsche wie auf Erden – angesehen werden, doch da genügend alte Quellen vorhanden sind, in denen große Zweifel an der Möglichkeit eines Lebens nach dem Tode geäußert werden, lässt sich auch argumentieren, dass der rituelle Aspekt viel wichtiger war: dass nämlich mit den Texten Aussagen gemacht wurden, die für die Menschen von Bedeutung waren, die der Bestattung beiwohnten oder sie organisierten.

78. Sind die Chinesen musikalisch? Wie die griechische, so maß auch die alte chinesische Philosophie der Musik eine überaus große Bedeutung bei. Nur ein Herrscher, der die richtige Musik spielte, konnte nach dieser Vorstellung für Ordnung in seinem Land sorgen. Umgekehrt war für den von außen kommenden Reisenden der Zustand eines Landes sofort daran zu erkennen, welche Musik dort gespielt wurde. Musiziert wurde im alten China mit Saiten- und mit Blasinstrumenten. Ein Privileg von Herrschern und Adligen waren Bronzeglockenspiele. Mehrere davon hat in den letzten drei Jahrzehnten die chinesische Archäologie aus Gräbern bergen können. Auf diesen bis zu dreißig und mehr Glocken, deren unterschiedliche Klänge durch verschiedene Größen erzeugt wurden, kann man heute ohne Schwierigkeiten europäische Stücke spielen: Die Zwölftonleiter ist bereits in «Frühling und Herbst des Lü Buwei», einem Text des ausgehenden 3. Jahrhunderts v. Chr., beschrieben worden.

Die bekanntesten traditionellen Saiteninstrumente sind die Erhu, die zweisaitige Geige, die, wie ihr Name verrät (das Wort «hu» heißt Ausländer), wahrscheinlich aus Zentralasien stammt, die Pipa, eine Art Laute, deren heutige Form wohl ebenfalls auf zentralasiatische Vorbilder zurückgeht, und die Qin, eine siebensaitige Zither, die zum Spielen quer auf einem Tisch liegt. Konfuzius soll ein großer Meister auf der Qin gewesen sein, und seit frühester Zeit galt sie als Königsinstrument, das jeder Literat erlernte, später auch hochgestellte Frauen. Umgekehrt durfte sie von Angehörigen niederer Stände und Berufe, wie zum Beispiel Singmädchen und Prostituierten, die ihre Gäste und Kunden gerne mit Musik unterhielten, nicht gespielt werden. Auch chinesische Dramen wurden oft von Musik begleitet. Die Tatsache, dass die heute noch berühmteste traditionelle Theatergattung Pekingoper heißt, ist darauf zurückzuführen, dass der Wohlklang des Gesangs von Arien – der allerdings für das ungeübte Ohr des Europäers nicht leicht nachvollziehbar ist – dabei häufig wichtiger war als die inhaltliche Ausgestaltung der Stücke.

Die traditionelle Musik ist jedoch gegenwärtig, trotz einer Renaissance in bestimmten Kreisen, stark auf dem Rückzug. An ihre Stelle ist als beliebteste Gattung westlich beeinflusster Chinapop getreten. Allerdings ist das Land daneben auch zu einem wichtigen Markt für die westliche klassische Musik geworden. Galten Bach und Beethoven während der Kulturrevolution als Vertreter einer bürgerlichen Musik, deren Verfechter man zu bekämpfen hatte, werden heute nirgendwo auf der Welt mehr Klaviere gebaut als in China, und auch für deutsche Klavierhersteller ist der chinesische Markt hochinteressant.

79. Warum ist die Malerei so anders?   Die genauen Ursprünge der traditionellen chinesischen Malerei sind schwer zu bestimmen. Tuschzeichnungen finden sich schon auf Seidentüchern, die Adligen zu Beginn der Han-Zeit ins Grab mitgegeben wurden. Texte dieser Epoche erwähnen zudem mehrfach auf Wände aufgemalte Bilder, die aber leider nicht erhalten sind. Das älteste signierte chinesische Gemälde stammt von Gu Kaizhi (344–405). Es stellt die Ermahnung einer Hofdame durch einen Würdenträger dar. In der Tang-Zeit entstand die Landschaftsmalerei, die im Westen wohl am berühmtesten ist. Anders als bei europäischen Malern ist in China nicht die naturgetreue Darstellung einer Landschaft wichtig: Schon früh geht es eher um Stimmungen. Bestimmte Details von Bergen oder Bäumen können daher oftmals schematisch wirken. Ähnlich wie in den europäischen Schulen bis zum Barock ist es in China immer von Bedeutung gewesen, Motive des Lehrers aufzugreifen und dessen Stil zu kopieren, so dass es nicht leicht ist, einzelne Meister auf Anhieb zu erkennen.

Andere wichtige Sujets sind Tiere und Pflanzen, Porträts sowie Darstellungen von historischen Begebenheiten wie Ausritten von Kaisern oder Jagden. Gerne stellte man drei verschiedene Bäume dar:

die Kiefer, die Winterpflaume und vor allem den Bambus. Wie andere Themen aus der Natur malte man sie indes nicht nur wegen ihrer Schönheit, sondern wegen ihrer symbolischen Aussage. Diese drei Bäume, die auch spät im Jahr noch grün sind, stehen nämlich als Sinnbild für den loyalen Untertan, der auch in schlechten Zeiten zu seinem Herrscher steht. Die traditionelle chinesische Malerei bediente sich nur der Tusche, Ölmalerei war bis zur Ankunft der Jesuiten ebenso unbekannt wie die Perspektive. Vorzeichnungen waren wegen des feinen Untergrundes kaum üblich gewesen, Bilder wurden immer auf Rollen aufgezogen und nie in Rahmen gespannt. Charakteristisch für chinesische Gemälde ist des weiteren die Tatsache, dass oft längere Kalligraphien, nicht selten in Gedichtform, auf dem Bild zu finden sind. Connaisseure drückten zudem ihre roten Stempel auf die Bilder, was den Wert nicht etwa senkte, sondern sogar steigerte.

Schon in der Song-Zeit finden sich die Anfänge abstrakter Malerei. Allerdings erlebte sie erst unter den Qing eine Blüte. Dabei darf indes nicht an abstrakte Malerei europäischen Zuschnitts gedacht werden. Abstrahiert wurden vielmehr figürliche Darstellungen, die in bizarre Formen überdehnt werden konnten.

80. Warum ist Jade so beliebt? China ist lange Zeit keine Goldkultur gewesen. In der Wertschätzung besonders wichtig war stattdessen ein Stein: die Jade. Nephrit und Jadeit sind sehr harte Mineralien, aus denen man in alter Zeit Waffen und Werkzeuge herstellte. Aufgrund der Materialbeschaffenheit gehört aber hohe Kunstfertigkeit dazu, Jade zu bearbeiten. Große verzierte Scheiben, sehr häufig mit einem Loch in der Mitte, waren schon für die Geschichtsschreiber der Zhou-Zeit offenbar der wertvollste Gegenstand, den man als Geschenk darbieten konnte.

Bereits sehr früh war in China die Bezeichnung «Königsstein» gebräuchlich. Das Schriftzeichen für Jade 玉 unterscheidet sich von demjenigen für den König 王 nur durch einen einzigen zusätzlichen Punkt. Letzteres ist daher in jedem Schriftzeichen, das für einen Edelstein steht, zu finden. Geschätzt wird an der Jade die feine Maserung, die eine Ordnung suggeriert, die nicht nach schematischen Linien funktioniert – auch das Zeichen für Ordnung 理 schreibt sich mit dem Jaderadikal.

Im «Buch der Riten» und in verschiedenen Texten, die im 3. vorchristlichen Jahrhundert zusammengestellt wurden, findet sich der folgende Passus, den Konfuzius gesprochen haben soll: «Einst verglichen die Edlen die Tugend mit der Jade: Sie ist das Abbild der Menschlichkeit, weil sie sich weich und ölig anfühlt. Sie ist das Abbild der Weisheit, weil ihre Adern fein und geordnet sind. Sie ist das Abbild der Gerechtigkeit, weil sie Kanten hat, aber nicht schneidet. Sie ist das Abbild der Höflichkeit, weil sie herabhängt [vom Gürtel], als fiele sie zu Boden. Sie ist das Abbild der Musik, weil sie klare und andauernde Töne von sich gibt, wenn man sie anschlägt, um dann abrupt zu verklingen. Sie ist das Abbild der Treue, weil weder ihr Glanz von ihren Fehlern verdeckt wird noch ihre Fehler vom Glanz. Sie ist das Abbild der Glaubwürdigkeit, weil man ihre guten inneren Qualitäten von außen sehen kann. Sie ist das Abbild des Himmels, weil sie luftig ist wie ein weißer Regenbogen, und das der Erde, weil ihr Feinstoff und ihr Geist in Bergen und Flüssen zu sehen sind. Sie ist das Abbild der Tugend, weil man daraus Amts- und Gabentafeln macht, die man darbringen kann, und das Abbild des rechten Weges, weil jeder unter dem Himmel sie hochschätzt.» In anderen Texten werden noch die Qualitäten der Tapferkeit, des rechten Betragens, der Gefühle oder der Eloquenz mit den Eigenschaften der Jade verglichen – wahrlich ein königlicher Stein also!

81. Was sind die vier Schätze des Gelehrtenstudios? Pinsel, Papier, Reibstein und Tusche werden in China als die vier Schätze des Gelehrtenstudios bezeichnet, weil sie die Utensilien sind, die man zum Kalligraphieren benötigt. Diese Kunst hatte in der Kaiserzeit ein jeder Literat zu beherrschen. Ihr berühmtester Vertreter ist Wang Xizhi (307–365), dessen Texte zwar nicht mehr im Original erhalten sind, aber durch Abschriften überliefert wurden. Sein bekanntestes Werk besteht aus den vier ersten Zeichen des «Vorworts zum Gedicht über das Treffen im Orchideenpavillon». Bei diesem Treffen war eine Gruppe von Freunden des Künstlers zusammengekommen. Wie später auch üblich, sollten die Teilnehmer diese Zusammenkunft mit Gedichten verewigen. Allerdings hatten die meisten von ihnen sich so betrunken, dass sie nicht mehr dazu in der Lage waren. Nur Wang Xizhi gelang es, ein Gedicht zu schreiben und es in die Form einer Kalligraphie zu bringen. Kopien davon sind noch heute allerorten in China zu erwerben.

In Ausstellungen traditioneller chinesischer Kunst ist regelmäßig eine Abteilung den Werken berühmter Kalligraphen gewidmet. Dabei kommt es nicht darauf an, die Texte lesen zu können – dies ist nämlich nur bei bestimmten Stilen möglich. Viel wichtiger ist die Ausdruckskraft des Pinsels, der besonders bei der «Grasschrift» schwungvoll über das Papier fliegt und Muster erzeugt, deren künstlerischer Wert jenseits der Textinhalte liegt. Bis heute tun sich berühmte Persönlichkeiten dadurch hervor, dass sie wichtige Orte mit eigenhändigen Kalligraphien bedenken: Mao Zedong genauso wie Jiang Zemin, der von 1993–2003 Staatspräsident war.

Die chinesische Tusche, die im allgemeinen aus Ruß, Lack und Öl hergestellt ist, wird normalerweise zu länglichen Stangen gepresst und dann zusammen mit Wasser auf einem Stein, in den eine Vertiefung eingelassen ist, gerieben. Der Staub vermischt sich dabei mit dem Wasser zu flüssiger Tinte. Chinesisches Papier muss sehr saugfähig sein, damit mit dem Tierhaarpinsel die Tusche so aufgetragen werden kann, dass ein kleiner Druck des Kalligraphen ausreicht, um bestimmte Stellen eines Zeichens stärker zu betonen als andere.

82. Was sind die größten Erfindungen Chinas?

China hatte technologisch bis ins 16. Jahrhundert einen deutlichen Vorsprung vor Europa. Erst durch die industrielle Revolution, die im 18. Jahrhundert begann, wurde das Land von der europäischen Entwicklung abgehängt. Viele Erfindungen, die heute für uns selbstverständlich sind, kommen aus China. An erster Stelle ist das Papier zu nennen, das im ersten Jahrhundert von dem Eunuchen Cai Lun erfunden worden sein soll, nachdem zuvor vornehmlich auf Seide oder zusammengebundene Bambusstäbchen geschrieben worden war. Erst im achten Jahrhundert soll das Papier durch chinesische Kriegsgefangene, die von den Arabern nach der Schlacht am Talas-Fluss 766 mitgeführt worden waren, in den Westen gelangt sein.

Auch der Druck mit beweglichen Lettern war in China lange vor Gutenberg erfunden worden: Man kannte bereits in der Tang-Zeit Blockdrucke, bei denen Texte spiegelverkehrt in Holzplatten geschnitten wurden. Im 11. Jahrhundert dann entwickelte Bi Sheng den Druck mit beweglichen Lettern, der sich jedoch gegen den Blockdruck nicht durchsetzen konnte, wahrscheinlich weil die Arbeitskraft der Schnitzer billig war und feste Druckplatten sowohl dem chinesischen Staat als auch den buddhistischen Klöstern, die die wichtigsten Verleger waren, entgegenkamen. Mit ihnen kann ein Text beliebig oft vervielfältigt werden, während er beim Druck mit beweglichen

Lettern ständig neu gesetzt werden muss, wenn die einmal erstellte Auflage verbraucht ist.

Immer wieder heißt es, die Chinesen hätten das Schießpulver bereits früher als die Europäer erfunden, es jedoch nicht als Waffe eingesetzt. Dies ist allerdings nicht ganz richtig: Erwähnt wird es in einem Text, der im Jahr 1044 erstmals gedruckt wurde, aber nur in einer Fassung aus dem Jahr 1550 erhalten ist. Archäologisch nachgewiesen ist es in China erst im 13. Jahrhundert, einer Zeit, in der auch Roger Bacon und arabische Quellen darüber berichten – und es wurde offenbar durchaus als Brandsatz zu militärischen Zwecken und nicht nur für Feuerwerke verwendet.

Zu den «vier großen Erfindungen», die die drei gerade genannten Neuerungen einschließen, gehört schließlich noch der Kompass, dessen Funktionsweise seit dem 3. oder 2. vorchristlichen Jahrhundert bekannt war. Ausgehend von verschiedenen Vorläufern wurde außerdem grünes Porzellan ab dem 1. Jahrhundert n. Chr. hergestellt. Das Rezept für das heutige Porzellan wurde um 620 erdacht. Erst im 18. Jahrhundert hatte man diese Idee in Meißen zum zweiten Mal.

83. Woher kennen wir so viele Daten der chinesischen Geschichte?

Immer wieder für Erstaunen sorgt die Tatsache, dass wir bereits aus dem alten China sehr viele exakte Daten kennen. Grund dafür ist eine historiographische Tradition, die im 2. Jahrhundert v. Chr. mit den «Aufzeichnungen der Schreiber» Sima Qian und seines Vaters Sima Tan begann. Diese verfassten eine Geschichte, die von den mythischen Anfängen bis zu ihren eigenen Lebzeiten reichte. Als Privatmänner machten sich Ban Biao und Ban Gu zu Beginn des 1. Jahrhunderts an eine Geschichte des Hauses Han bis zur Usurpation des Wang Mang, die 23 n. Chr. endete. Ban Gu wäre dabei fast wegen Hochverrats hingerichtet worden. Dann aber stellte der Kaiser fest, dass sein Werk keine Spur von Illoyalität enthielt, und ließ es ihn in staatlichem Auftrag vollenden. Die Einrichtung eines Geschichtsamtes ermöglichte die Aufzeichnungen der kaiserlichen Aktivitäten eines jeden Tages – dass es allerdings bereits im Altertum zwei Schreiber zur Linken und zur Rechten des Herrschers gab, von denen der eine dessen Taten, der andere seine Worte aufzeichnete, muss heute wohl bezweifelt werden, auch wenn alte Quellen es behaupten.

Die Tagesaufzeichnungen führte man während der kommenden Dynastien fort. Dennoch wurde die historiographische Praxis auf staatlicher Ebene erst in der Tang-Zeit vollständig standardisiert: Nachfolgende Dynastien ließen seitdem die Archive der jeweiligen Vorgängerdynastien von Historikerkommissionen sichten und eine Dynastiegeschichte schreiben. Schon unter den Tang kam eine weitere Form hinzu: die sogenannten «wahrhaftigen Aufzeichnungen», in denen nach dem Ableben eines Kaisers dessen Tagesaufzeichnungen kondensiert wurden. Solche Niederschriften, die weitaus ausführlicher sind als die Angaben der ebenfalls nicht gerade kurz gehaltenen Dynastiegeschichten, sind heute noch vollständig von den beiden letzten Dynastien Ming und Qing erhalten. Aus dieser Zeit gibt es auch noch reichhaltiges Archivmaterial, dessen Lektüre zeigt, wie sehr Historiker in vergangenen Jahrhunderten die Geschichte schönten: So sind die jeweils letzten Herrscher von chinesischen Dynastien in den gängigen Geschichtswerken fast durchweg als unfähige und willenlose Werkzeuge korrupter und usurpatorischer Beamter dargestellt, wodurch neue Dynastien natürlich ihre eigene Machtübernahme legitimierten.

Dynastiegeschichten bestehen in der Regel aus vier verschiedenen Bestandteilen: den Kaiserannalen, in denen die Aktivitäten des Herrschers, aber auch Erlasse und ähnliches zu finden sind, tabellarischen Übersichten zur Geschichte, Abhandlungen zu verschiedenen Themengebieten wie der wirtschaftlichen Situation des Reiches oder der Kulthandlungen und schließlich Biographien herausragender Persönlichkeiten. Die Biographiensektion ist zumeist der umfangreichste Teil einer Dynastiegeschichte.

Gesellschaft

84. Sind die Menschen pragmatisch, esoterisch oder abergläubisch? Unter Unternehmern wird gerne der große Pragmatismus der Chinesen gerühmt. Umgekehrt gibt es in Europa eine stattliche Fangemeinde chinesischer Esoterik. Wer sich in China ein wenig auskennt, staunt zudem darüber, wie viele Tabus es gibt: Bei bestimmten Verletzungen am Körper darf man bestimmte Dinge nicht tun, bei Schwangerschaft gelten allerhand Einschränkungen etc. In der Tat hat der «Aberglaube» eine alte Tradition. Henri Dorée hat sein zu Anfang des 20. Jahrhunderts erschienenes Standardwerk mit dem Titel «Recherches sur les superstitions en Chine» (Untersuchungen zum Aberglauben in China) überschrieben. Der Brauch, einen Tagewähler zu befragen, der noch heute von vielen Menschen praktiziert wird, wenn sie eine größere Unternehmung (zum Beispiel eine Hochzeit oder ein Geschäft) vorhaben, ist bereits aus der Vorkaiserzeit bekannt. Als unglückbringend gilt die Zahl vier, die ähnlich lautet wie das Wort für «sterben», weshalb nicht selten in chinesischen Hotels der vierte Stock fehlt. Zahlenmystik spielt ohnehin eine wichtige Rolle: Die «acht» (ba) ist umgekehrt besonders glückbringend, weil sie ähnlich ausgesprochen wird wie «sich entwickeln» (fa) und im Ausdruck «reich werden» verwendet wird. Ebenso ist die Zahl neun, die höchste Yang-Zahl, ausgesprochen glückverheißend. Überall kann man auf dem Land Handleser und andere Wahrsager bei der Arbeit beobachten.

Dennoch ist auch die Annahme, die Chinesen seien pragmatisch, nicht von der Hand zu weisen: Obwohl viele in den Tempel gehen, um dort Weihrauch abzubrennen, ist ihr Ziel dabei zumeist auf das Diesseits bezogen. Die wichtigste Qualität, die Götter haben müssen, ist «Effizienz» oder «Wirksamkeit» – ein Gott, der nicht hilft, kann leicht durch Missachtung gestraft werden, indem er einfach keine Opfergaben mehr erhält. Bezeichnend ist überdies die Zusammensetzung der chinesischen göttlichen Dreifaltigkeit, die in vielen Restaurants oder Privathaushalten bestaunt werden kann: Die drei Figuren verkörpern Reichtum, Beamtengehalt und langes Leben. Diese drei Dinge standen traditionell für das Paradies auf Erden. Pragmatismus und Esoterik müssen sich also durchaus nicht ausschließen.

85. Wie verhält es sich mit der List?   In der europäischen Literatur des 19. Jahrhunderts wurde «der Chinese» gerne als verschlagener Mensch dargestellt, vor dem der aufrechte Europäer sich hüten musste, wollte er nicht übervorteilt werden. Dieses Bild ging vermutlich auf die Schwierigkeiten zurück, mit denen europäische, vornehmlich englische Händler bei ihren Geschäften in China zu kämpfen hatten. In den letzten Jahren feiert es eine triumphale Rückkehr: Der Grund ist die sogenannte Strategemliteratur, die seit Ende der 1970er Jahre zuerst auf Taiwan und dann zunehmend auf dem Festland zu florieren begann. Die 36 Strategeme sind ein möglicherweise gegen Ende der Ming-Zeit zusammengestellter Traktat von alten Sprichwörtern, die bestimmte Formen der List in Worte fassen, die man in den verschiedensten Lebenslagen kennen sollte. Davon ausgehend gibt es etliche Zusammenstellungen solcher Strategeme, so dass die Zahl 36 nicht als Gesamtkatalog anzusetzen ist. Sie geht vielmehr auf das «Buch der Wandlungen» zurück, in dem sechs die Zahl der gebrochenen und damit schwachen Hexagrammlinien ist. Sechs gilt deshalb als die Standardzahl des Verborgenen, auf Chinesisch des «Yin». 36 ist also Verborgenes multipliziert mit Verborgenem. Auch andere Texte, die auf traditionelle Weise versuchen, listiges Verhalten zu vermitteln, sind auf dem chinesischen Buchmarkt überaus beliebt und finden reißenden Absatz.

Ob dies allerdings tatsächlich heißt, dass die Chinesen generell eine Veranlagung zur List haben, ist fraglich: Im Konfuzianismus wird sie nämlich verurteilt, und die Lektüre von chinesischen Büchern zum Einsatz von Strategemen im wirtschaftlichen Handeln führt zu der etwas überraschenden Feststellung, dass Autoren besonders listiges Verhalten fast ausschließlich westlichen Unternehmen, nicht den eigenen, zuschreiben. Dies kann natürlich verschiedene Ursachen haben, doch zeigt es auf jeden Fall, daß Chinesen sowohl bei Ausländern als auch bei den eigenen Leuten von taktisch geschicktem, listigem Verhalten ausgehen. Die entsprechenden Kataloge müssen also nicht als Handlungsanweisung gelesen werden, sondern können auch als Lehrbücher dazu dienen, wie man sich gegen Übervorteilung durch andere schützt. Inhaltlich ist übrigens keine List so geartet, dass sie nicht europäischer Bauernschläue entspräche. Der Unterschied ist nur, dass man in China dazu beispielhafte Begebenheiten aus der eigenen Geschichte heranzieht. Letztlich ist auch hier bekannt, dass der beste Schutz vor Übervorteilung durch andere ist, sich über die eigenen Ziele und den Weg dorthin im Klaren zu sein.

86. Sind die Chinesen höflich? Neben dem Hang zur List wird Chinesen gerne auch eine an Unterwürfigkeit grenzende Höflichkeit unterstellt. Mancher Europäer ist dann erstaunt, wenn er vor Ort feststellen muss, dass viel weniger Rücksicht aufeinander genommen wird als bei uns. Im Bus wird gerempelt, am Schalter gedrängelt, auf der Straße (trotz allerorten aufgestellter Verbotsschilder) gespuckt, und im Gespräch mit weitgehend fremden Menschen werden manchmal liebenswert direkte Fragen gestellt, die man sich in Europa erst nach jahrelanger Bekanntschaft erlauben würde. Beruht die berühmte Höflichkeit der Chinesen also nur auf einem Missverständnis?

Das europäische Bild dieses Phänomens ist auf literarische Quellen und die höfische Kommunikation des alten China zurückzuführen: Seit frühester Zeit war es nämlich unter den Gebildeten üblich, sich selbst im Verhältnis zu anderen Menschen rhetorisch zu erniedrigen. Wer eine Throneingabe schrieb, sagte niemals: «Ich meine», sondern «Euer Untertan nimmt es sich untertänigst heraus, zu sagen zu wagen». Dazu gehörten Beteuerungen, dass die eigene Meinung eigentlich unmaßgeblich sei oder aber in vollkommener Unkenntnis der Tatsachen geäußert werde. Das Wort «ich» wurde auch im Briefverkehr fast nie verwendet, sondern durch Unterwürfigkeitsbezeugungen und Selbsterniedrigungen wie «Euer Diener», «Euer Sklave» etc. bei Männern oder «Eure Magd» bei Frauen ersetzt, je nachdem, wie hochgestellt der Ansprechpartner war. Umgekehrt redete man sein Gegenüber, auch wenn man eigentlich auf gleicher Ebene stand, als «Minister», «älterer Bruder», «Onkel» an, also immer als eine in der sozialen Hierarchie höher gestellte Persönlichkeit. Im höfischen Kontext übliche Respektsbezeugungen wurden in die schriftliche Form übernommen. So konnte man einen Brief zum Beispiel mit der Formel: «Ich verneige mich dreimal» beschließen, nachdem man zuvor darauf verwiesen hatte, dass die eigene Meinung ja vielleicht in einer von etwa zehntausend Möglichkeiten doch einen kleinen Beitrag zum Wohlergehen des anderen oder der Gesellschaft darstellen könnte. Auch wenn das moderne Chinesische längst nicht so reich an Höflichkeitsformeln ist wie etwa das Japanische, sind doch zahlreiche Reste in der heutigen Sprache noch anzutreffen. Sie werden allerdings wie überall auf der Welt nur in höheren Gesellschaftsschichten verwendet. Nach Namen und Herkunft zum Beispiel wird höflich nicht gefragt mit «Wie heißt Du?» oder «Woher kommst Du?», sondern mit «Wie ist Ihr werter Name?» und «Welches ist Ihr wertes Land?».

Die Rhetorik sollte aber nicht den Blick darauf verstellen, dass für den, der sie zu lesen weiß, zumeist sehr deutlich gesagt wird, was man will. Erfahrungsgemäß dauert es eine Weile, bis Europäer verstanden haben, dass sie nicht jede Freundschaftsbeteuerung gleich so ernst nehmen müssen, wie dies bei uns der Fall wäre. Auch wer durch ein interkulturelles Training für das Thema sensibilisiert wurde, benötigt etwas Übung, um zu erkennen, wann Höflichkeit bloße Floskel ist und wann Ausdruck echten Respekts. Für den anonymen Umgang auf der Straße jedoch sei dem unkundigen Europäer warnend vorhergesagt, dass seine Hoffnungen auf Bekanntschaft mit der chinesischen Höflichkeit durchaus unerfüllt bleiben könnten.

87. Muss man darauf achten, dass Chinesen ihr Gesicht nicht verlieren? In jedem Managementratgeber für die Unternehmensführung in China ist nachzulesen, dass es für einen Chinesen nichts Schlimmeres gebe, als sein Gesicht zu verlieren. In der Tat scheint der Ausdruck «Gesichtsverlust» seinen Eingang in europäische Wörterbücher erst im 19. Jahrhundert gefunden zu haben, nach der Begegnung mit Ostasien, wo die Formulierung zu dieser Zeit schon eine feststehende Redewendung war. Sie scheint allerdings in Japan deutlich älter zu sein als in China, wo sie nach dem Eindruck des Verfassers dieser Zeilen erst im 17. Jahrhundert ihren Einzug in die Literatur zu nehmen begann.

«Gesichtsverlust» findet dann statt, wenn im Beisein dritter eigene Verfehlungen oder intime Belange thematisiert werden oder wenn direkt eingestanden werden muss, dass es einem nicht möglich ist, bestimmte eingegangene Verpflichtungen einzuhalten. Im Grunde bezeichnet der Begriff also nichts anderes als derjenige der «Peinlichkeit» im Deutschen. Vermutlich ist der Effekt in China auch nicht sehr viel anders als in Deutschland, wenn zum Beispiel eine Peinlichkeit aus Versehen oder absichtlich begangen oder nicht vermieden wird. Zumeist führt das zu Verhärtungen auf Seiten des Betroffenen, manchmal auch zu Solidarisierung anderer mit ihm. Wichtig ist das Thema aber deswegen, weil Ausländer solche Dinge in fremden Kulturen oft nicht bemerken, da sie nicht wissen, was dort als peinlich gilt. Dafür gibt es im übrigen kaum feststehende Regeln. Traditionell zum Beispiel hätte es für jeden Chinesen einen Gesichtsverlust bedeutet, wenn sein Gast beim Essen den Teller bis zum letzten Rest leer gegessen hätte – denn damit hätte er eingestehen müssen, den Gast nicht gut genug versorgt zu haben. Doch im Zeitalter zunehmender Kenntnis des Anderen kann solches Verhalten von Seiten eines Europäers mittlerweile durchaus auch als Kompliment für die eigene Küche aufgefasst werden. Grundsätzlich gilt, dass man in China die Höflichkeitsregeln, die auch in Deutschland gelten, einhalten sollte, dann wird es selten zu «Gesichtsverlust» kommen.

Eine Besonderheit ostasiatischer Sprachen ist, dass man einem Partner Gesicht auch geben kann. Dies bedeutet zum Beispiel, ihn mit verantwortungsvollen Aufgaben zu betrauen oder sprachlich so aufzuwerten, dass sein Prestige in der eigenen sozialen Gruppe steigt. Dabei ist interessant, dass das Chinesische im Falle von «Gesichtsverlust» ein anderes Wort für Gesicht verwendet als beim «Geben von Gesicht».

88. Wie war die traditionelle Stellung der Frau? Eine der Kampf-
formeln, mit denen das 20. Jahrhundert gegen die alte Tradition an-
ging, war das Schlagwort von der Befreiung der Frau. Im Feudalismus
sei sie unterjocht und versklavt gewesen. Zuerst habe sie zu Hause
dem Vater dienen müssen, dann in der Ehe dem Mann, später gar
ihrem Sohn. Freiheit habe sie niemals gekannt. Ganz so einfach war
die Sache indessen nicht. Die chinesische Kultur ging von einer Tren-

nung der Sphären aus: Außen hatte der Mann das Sagen, innen die Frau. Während also der Mann die Familie gesellschaftlich zu vernetzen hatte, war die innerfamiliäre Ordnung der Aufgabenbereich der Frau. Dazu gehörte unter anderem zumeist die Verwaltung der häuslichen Finanzen, ein Mittel, das die Ehefrauen mit erheblichen Kontrollmöglichkeiten ausstattete. Wie zahllose literarische Belege zeigen, behielten hochgestellte Frauen traditionell ihren Nachnamen. Das «Buch der Riten» betont, dass der Ahnenkult, die wichtigste familiäre Aufgabe eines jeden traditionellen Chinesen, von Mann und Frau gemeinsam durchgeführt zu werden hatte. Die beträchtliche Autorität, die Frauen innerfamiliär genossen, spiegelt eine große Zahl von Witzen wider, deren Thema die Angst des Mannes vor seiner Ehefrau ist.

Allerdings ging die Kontrolle in der Familie mit einem Verlust der gesellschaftlichen Bewegungsfreiheit einher. Frauen von hohem Rang verließen ihre Häuser im allgemeinen nur in Sänften und hatten sich den Blicken der Männer so weit wie möglich zu entziehen. Polygamie war nur in Familien die Regel, die sie sich leisten konnten. Dort allerdings sorgte sie nicht selten für Konflikte. Männer, die die nötigen Mittel hatten, kauften sich Konkubinen – häufig übrigens mit der Begründung, dass die Hauptfrau keinen Sohn geboren hatte, der die Ahnenlinie fortsetzen konnte. Obwohl Polygamie also erlaubt war, lebte der weit überwiegende Prozentsatz chinesischer Männer aus einfachen Schichten monogam.

Mit der zunehmenden Konfuzianisierung nach dem 13. Jahrhundert gingen erhebliche Einschränkungen für die Frauen einher: Witwen gegenüber wurde vor allem unter der letzten Dynastie in immer stärkerem Maße die moralische Forderung erhoben, sich nicht ein zweites Mal zu verheiraten. Ein wichtiger Grund für diese Entwicklung dürfte das starke Bevölkerungswachstum der Jahrhunderte zwischen 1500 und 1900 gewesen sein. Denn bei einer Wiederverheiratung drohte das Erbe, über das Frauen aus ihren eigenen Familien verfügten, nicht in den Haushalt ihrer Kinder aus erster Ehe einzugehen, sondern entweder geteilt zu werden oder aber ganz in den Besitz der Kinder aus zweiter Ehe zu wandern. Eine zweite Ehe war auch deshalb verpönt, weil die erste von den Eltern zumeist ohne das Einverständnis der zu Verheiratenden arrangiert worden war, während die zweite natürlich von der Frau selbst eingefädelt werden konnte – in dieser Freiheit steckte ein subversives Element, das unerwünscht war.

89. Warum gibt es immer noch alte Frauen mit winzig kleinen Füßen? Um das Wachstum der Füße auf etwa zehn bis zwölf Zentimeter zu begrenzen, wurden schon kleinen Mädchen, deren Gliedmaßen noch sehr biegsam waren, die Füße gebrochen. Danach begann eine komplizierte und schmerzhafte Verschnürungstechnik. Das ganze Leben hindurch blieben diese «Lotosfüße» dann in rote Schuhe gesteckt, und ihre Pflege mit Salben war ein höchst intimer Moment. Seine Anfänge hatte dieser Brauch in der Song-Zeit, Verbreitung fand er unter den Ming und unter den Qing schließlich sickerte er aus der Oberschicht in weite Teile der chinesischen Gesellschaft. Dies hatte wahrscheinlich zwei Gründe: Erstens kannten die über China herrschenden Mandschuren wie die Mongolen den Brauch nicht, weshalb sich die Möglichkeit bot, sich auf diese Weise von der Fremddynastie abzusetzen. Zweitens dauerte es vermutlich einige Jahrhunderte, bis er in der Oberschicht so verbreitet war, dass es sich auch für Familien niederer Schichten zu lohnen begann, ihre Töchter in dieser Form zu verstümmeln. Nachdem sich nämlich die gebundenen Füße, die sich nur Frauen leisten konnten, die keine körperliche Arbeit zu verrichten hatten, als Schönheitsideal durchgesetzt hatten, konnten in der Hierarchie weiter unten stehende Familien nur dann darauf hoffen, durch Einheirat zu höherem Stand zu gelangen, wenn auch ihre Mädchen dem Brauch folgten.

Über die Gründe dafür, warum man kleine Füße so schön fand, ist viel spekuliert worden: Die einen glauben, dass vornehme Männer die Bewegungsfreiheit ihrer Frauen einschränken wollten, um sie besser kontrollieren zu können. Andere gehen von einem Statussymbol aus, wieder andere meinen, dass die Trippelschritte die Vaginalmuskulatur stärken und dem Mann beim Geschlechtsverkehr einen zusätzlichen Lustgewinn bescheren sollten oder dass gebundene Füße eine elegante Bewegung ähnlich derjenigen in Stöckelschuhen erzeugen. Vielleicht ist die künstliche Verkleinerung der Füße auch nur die Fortsetzung des Bedürfnisses, möglichst kindhafte Frauen zu besitzen. Auf jeden Fall sind gebundene Füße von vielen Dichtern und Schriftstellern als hocherotisch beschrieben worden, was darauf hindeutet, dass die obigen Erklärungen möglicherweise allesamt zu rational sind. 1912 verbot die neue Regierung Chinas diesen Brauch; erst nach Beginn der kommunistischen Herrschaft wurden jedoch tatsächlich Sanktionen verhängt und durchgesetzt.

90. Wie ist die gesellschaftliche Stellung der Frau heute? Mao Zedong sorgte aktiv für die Gleichberechtigung der Frau in vielen Bereichen. Besonders während der Kulturrevolution, als die Regel galt, dass es keinerlei Unterschiede zwischen Mann und Frau geben sollte, stiegen viele Frauen in mittlere Leitungsebenen auf. Deshalb ist es heute besonders in staatlichen Stellen, aber auch in vielen Unternehmen nicht ungewöhnlich, auf Frauen als Gesprächs- und Geschäftspartnerinnen zu treffen. In den obersten Etagen ist ihre Zahl allerdings nach wie vor klein.

Zudem gibt es heute mehrere gegenläufige Trends: Während Chinesinnen in den Familien sehr häufig ganz traditionell das Sagen in Geldangelegenheiten haben und besonders in Dienstleistungsunternehmen zum Teil erstaunliche Karrieren machen können, hat die Phase der sozialistischen Marktwirtschaft umgekehrt auch dazu geführt, dass alte Traditionen, von denen die Regierung lange Zeit glaubte, sie eingedämmt zu haben, wieder Einzug in die Gesellschaft halten. Prostitution ist ein einträglicher Wirtschaftszweig und ein erheblicher Wirtschaftsfaktor, dessen Einnahmen die ohnehin schon hohen amtlichen Steigerungsraten des Bruttoinlandsprodukts deutlich nach oben korrigieren könnten. Allerdings ist nicht leicht abzuschätzen, wie sich die Prostitution auf die Stellung der Frau auswirkt: Einerseits werden durch sie nämlich Mädchen, die sonst in ihrer bäuerlichen Umgebung nur wenig darstellen, zu Haupternährerinnen ihrer Familien, andererseits führt sie natürlich dazu, dass Frauen von Männern, die es sich leisten können, auf den Status von Objekten herabgestuft werden.

Reiche Chinesen halten sich immer häufiger Zweitfrauen. Dies geschieht nicht nur zum Vergnügen, sondern kommt oft vor, wenn das eine Kind, das mit der ersten Frau gezeugt wurde, kein Sohn ist. Zwar gelten Kinder von Zweitfrauen als illegal und sind deshalb oftmals nicht registriert, was spätestens im Einschulungsalter Probleme bereitet. Doch wer Geld hat, kann über solche Schwierigkeiten hinwegsehen. Derweil steigt die Scheidungsrate, und viele Chinesinnen aus gehobeneren Schichten tun sich schwer mit der Partnersuche, weil sie befürchten, bei einer Heirat ihre Unabhängigkeit zu verlieren.

Ein gravierendes Problem, dessen Auswirkungen noch nicht vollständig abzusehen sind, ist die Tatsache, dass auf dem Land immer mehr weibliche Föten abgetrieben werden. Auf hundert Mädchen werden mittlerweile mindestens 118 Jungen geboren (normal wären

106), in armen Regionen zum Teil sogar noch viel mehr. Die weibliche Säuglingssterblichkeit ist um fast fünfzig Prozent höher als diejenige von Jungen. Obwohl überall auf dem Lande Schilder darauf hinweisen, dass es verboten sei, das Geschlecht des Kindes vor der Geburt per Ultraschall zu bestimmen, ist daher absehbar, dass in zwanzig Jahren für viele Männer Ehepartnerinnen unerreichbar sein werden. Das könnte bedeuten, dass auch auf diesem Gebiet eine Rückkehr zu traditionellen Lebensformen eintritt: Einige wenige reiche Männer werden polygam leben, während am anderen Ende der sozialen Hierarchie eine große Zahl von Männern unverheiratet bleiben und die Dienste von Prostituierten in Anspruch nehmen wird.

91. Achtet China das Alter? Lange Zeit galt die kommunistische Führung westlichen Experten als Verkörperung konfuzianischer Prinzipien, denen zufolge Ehrfurcht vor dem Alter die höchste Tugend ist. China wurde von alten Männern regiert – in den 1970er Jahren von Mao Zedong und Zhou Enlai, die beide über achtzig Jahre alt waren, in den 1980er Jahren von dem 1904 geborenen Deng Xiaoping. Dem wurde gerne der westliche Jugendkult gegenübergestellt. Doch bei genauem Hinschauen stellte sich dieser Gegensatz als Fiktion heraus: Als Mao an die Macht kam, war er 56 Jahre alt. Die Tatsache, dass China später so lange von alten Männern regiert wurde, hing weniger mit dem Konfuzianismus zusammen als vielmehr damit, dass revolutionäre Führer und ihre Mitstreiter die Macht selten freiwillig abgeben.

Natürlich wird der Respekt vor alten, verdienten Politikern oder Wissenschaftlern in China heute gerne zelebriert – bei Konferenzen und in akademischen und politischen Gremien. Doch in der normalen Gesellschaft wird das Leben für die Alten zunehmend schwerer; denn waren sie früher nur eine sehr kleine Gruppe, wird ihre rasch wachsende Zahl für die Jungen nun aufgrund mangelnder Sozialversicherung zum Problem. Grundsätzlich gilt offenbar: Je geringer die Zahl von Alten in einer Gesellschaft ist, desto größer der Respekt vor ihnen. Diese Regel ist wichtiger als jede kulturelle Prägung.

92. Warum werden in China steinerne Löwen aufgestellt? Der Löwe war in China niemals zu Hause. Auch wenn es unter Fachleuten Diskussionen um das Wort für eine nicht zu identifizierende Raubkatze in sehr frühen Texten gegeben hat, scheint doch klar, dass die ersten Löwen offenbar erst im 1. oder 2. Jahrhundert dorthin gebracht wurden. Möglicherweise stellte man sie gerade deshalb als Wächterfigur vor Gräber von Kaisern und Adligen, weil die meisten Menschen von ihrer sagenhaften Stärke nur vom Hörensagen wussten. Sie hatten dort böse Geister abzuwehren, eine Funktion, die sie heute vor Restaurants wahrnehmen. Überhaupt hat man in China nicht selten versucht, dämonische Einflüsse durch Gestalten abzuwehren, die aufgrund ihrer Fremdheit genauso exotisch waren wie die Geister selbst. Die Künstler und Handwerker, die mit der Modellierung von Löwen beauftragt waren, kannten deren Körperbau nicht und orientierten sich deshalb an Tigern und Hunden. Auch der Löwentanz, der heute gerne als urchinesische Ausdrucksform aufgeführt wird, ist vermutlich erst im 5. oder 6. Jahrhundert nach China gekommen. Bis heute ist der Löwe ein Symbol des chinesischen Exotismus.

93. Wofür stehen Drache und Tiger? Der Drache hat viele symbolische Funktionen. In erster Linie ist er das Oberhaupt aller Wassertiere. Im Gegensatz zum europäischen Drachen ist sein chinesischer Kollege niemals mit Feuer in Verbindung zu bringen. Vielmehr lebt er in den Tiefen von Seen und Meeren, und eigentlich beherbergt jeder Teich und Brunnen einen Drachen, der über das Wasser herrscht. Vielleicht ist davon abgeleitet, dass der Drache auch das Symbol des Kaisers ist. Denn genauso wie der Drache verborgen in seinem Wasser bleibt, so entzieht sich der Kaiser in seinem Palast den Blicken des Volkes. Der «ruhende Drache» ist in der chinesischen Sprache zum Inbegriff des Mannes geworden, in dem potentielle Kraft schlummert, die er im geeigneten Moment entfalten kann. Es gibt jedoch in der alten Literatur durchaus auch Belege dafür, dass der Drache sich in die Lüfte erheben kann. In der Ikonographie der Han-Zeit werden Fuxi und Nüwa, die beiden Gründerahnen Chinas, als zwei ineinander verschlungene Drachen dargestellt. Gefährlich ist, so eine berühmte Aussage, gegen die Schuppen des Drachen angehen zu wollen! Die marmorne Drachentreppe, über welche die kaiserliche Sänfte zum Thron im Kaiserpalast getragen wurde, verdankt ihre Existenz dieser Vorstellung.

Der Drache taucht jedoch auch in anderer Bedeutung auf: In der Ikonographie gibt es das Bild von den vier Richtungstieren: Der grüne Drache ist dabei dem Osten zugeordnet, der rote Vogel dem Süden, der weiße Tiger dem Westen und die schwarze Schildkröte oder der

Dunkle Krieger dem Norden. Was sich genau hinter diesen Vorstellungen verbirgt, ist unklar. Die steinerne Schildkröte übrigens wird deswegen so häufig als Trägerin von Grabstelen gebraucht, weil sie Zeichen für das lange Leben ist und deshalb das Fortleben des Verstorbenen, vor allem aber seines Clans verheißt. Genauso unklar ist auch, warum der Drache sich unter den zwölf chinesischen Tierkreiszeichen findet, ist er unter diesen doch das einzige nicht real lebende Tier. Natürlich lädt dies zu Spekulationen darüber ein, ob es sich nicht ursprünglich um eine Echse handelte, die aufgrund ihrer Größe besonders verehrt wurde.

Das starke Tier, das man in China immer gekannt hat, ist hingegen der Tiger. Wollte man die Kraft von Wachleuten oder Garden preisen, dann verglich man sie mit dem Tiger oder allenfalls mit Pantern oder Bären, aber niemals mit Löwen. Der Tiger als Anführer der Landtiere und der Drache als sein Pendant bei den Wassertieren sind eine enge Symbiose eingegangen. Man findet sie in vielen Redensarten, wenn von einem besonders kräftigen Paar gesprochen wird. Darauf geht zum Beispiel der Titel des Films «Duckender Tiger und verborgener Drache» von Ang Lee zurück.

94. Wie stehen die Chinesen zu Tieren? Chinesen sind mit Sicherheit nicht als besonders tierlieb einzuschätzen. Das Tier ist ihrer Auffassung nach dem Menschen untertan und steht diesem zur Nutzung zur Verfügung. Lange Zeit hielten chinesische Bauern, die traditionell eher den Acker bestellen, nur kleine Haustiere: Hunde, Katzen, Hühner und Schweine. Für Pferde waren die nomadischen nördlichen Nachbarn zuständig, und auch Rinder gab es eher selten. Allerdings gehört in Südchina der Wasserbüffel oft zum Tierbestand eines Bauernhofes. Dem Städter war schon in der Kaiserzeit die Haltung größerer Tiere häufig nicht möglich, und die Volksrepublik China verbot die Hundehaltung in Städten lange Zeit ganz, weil Hunde zu viel Platz und Nahrung benötigen. Als Ersatz dienten Vögel und Grillen, die auf speziellen Märkten gekauft werden konnten.

Erst in jüngerer Zeit sind Hunde wieder in Mode gekommen. Gegen Entrichtung hoher Steuern durfte man sie sich in den 1990er Jahren halten, so dass sie zum gern präsentierten Statussymbol wurden. Auch wenn die Steuern längst nicht mehr exorbitant sind: Ein Statussymbol sind Hunde immer noch. Ansonsten werden Tiere jedoch zumeist als Nahrungsmittellieferanten angesehen, manchmal, wie im Falle des Tigers, auch als wandelnde Arzneimittellager. Dabei überwiegen selten rationale Vorstellungen: So werden seine Knochen deshalb zermahlen, weil der Tiger stark ist und der Mensch hofft, nach der Einnahme des Knochenmehls ein Stückchen von seiner Kraft abzubekommen. Zahlreiche andere Tierarzneien dienen als Potenzmittel. Das trifft zum Beispiel auf Schlangen oder Garnelen zu. Hunde gelten in der Tat als Delikatesse. Allerdings stehen sie nur in bestimmten Gegenden Süd- oder Nordostchinas regelmäßig auf der Speisekarte. In den großen Städten an der Ostküste ist es nicht leicht, Restaurants zu finden, die Hund anbieten.

Zum Symboltier des Landes schlechthin ist in den letzten dreißig Jahren der Riesenpanda geworden, den es nur in China gibt und der deshalb gehegt und gepflegt wird. Durch den Rückgang seines Lebensraumes ist er vom Aussterben bedroht, was immer wieder in den chinesischen Medien thematisiert wird. Ausländische Politiker werden fotogen mit Pandabären im Arm abgelichtet, repräsentiert das putzige Tier doch ein anderes China als dasjenige, das die westlichen Medien gerne zeichnen – so ist ein positiver Publicityeffekt des Pandaismus nicht abzustreiten.

Ernährung und Kleidung, Medizin und Sport

95. Seit wann gibt es Seide? Aussagen der chinesischen Tradition, dass die Seidenherstellung bis mindestens ins 3. Jahrtausend v. Chr. zurückreiche, sind zwar legendärer Natur – unter anderem wird mythischen Kaisern zugeschrieben, ein Musikinstrument mit seidenen Saiten hergestellt zu haben –, doch konnte die Archäologie mittlerweile den Mythos mit wissenschaftlichen Daten unterfüttern. Bei den Römern war China für seine Seide berühmt. Die lange Zeit geheimgehaltene Technologie soll der Legende nach von zwei byzantinischen Mönchen im 6. Jahrhundert an den byzantinischen Kaiserhof geschmuggelt worden sein. Dadurch sei das weltweite Seidenmonopol der Chinesen gebrochen worden. Allerdings sieht es heute danach aus, als sei diese Kunst schon um 300 n. Chr. nach Indien gelangt. Reiche Profite erwirtschafteten die Chinesen mit dem Seidenhandel jedoch auch später noch. An der Seidenstraße galt Seide lange Zeit als eine Art Zahlungsmittel. Als sich die

Chinesen ab dem 9. Jahrhundert immer wieder Friedensverträge mit den nomadischen Völkern an ihren Nordgrenzen erkaufen mussten, wurde dieser Zwang kaschiert, indem man behauptete, die Barbaren brächten Tribute in Gestalt von Pferden nach China. In Wahrheit hatten diese Tribute häufig eher symbolischen Wert, während die chinesische Gegenleistung in Form von Seidenballen tatsächlich teuer war.

Allerdings ist Seide nur in besonders feinen Varianten ein Luxusgut gewesen. Angefangen mit dem «Buch der Riten» werden chinesische Texte nämlich nicht müde, zu betonen, dass es die vornehmste Aufgabe einer jeden Frau sei, im Maulbeerhain zu arbeiten, um Seide herzustellen, während ihr Mann auf dem Feld schufte. Jedes Jahr hatte der Kaiser höchstpersönlich zu Frühlingsanfang eine zeremonielle Furche im Feld zu ziehen, um den Startschuss für den Beginn der Ackerbausaison zu geben. Seine Hauptfrau dagegen vollzog eine ähnliche Symbolhandlung im kaiserlichen Maulbeerhain. Zahllose Gedichte zeugen davon, dass in der Tat Frauen im ganzen Land in der Seidenherstellung beschäftigt gewesen sein müssen, so dass es überall ein gutes Angebot dieses Stoffes gegeben haben muss.

96. Seit wann isst man mit Stäbchen? Das Geschichtswerk des Sima Qian aus dem 2. Jahrhundert v. Chr. berichtet von dem letzten Herrscher der Shang-Dynastie, der im 11. Jahrhundert v. Chr. regiert haben muss, dass er sich viel zu viel Luxus auf Kosten seines Volkes geleistet habe. Unter anderem soll er mit einem Paar Essstäbchen aus Elfenbein gespeist haben. Allerdings konnte die chinesische Archäologie diese frühe Existenz von Stäbchen bisher nicht nachweisen. Der vermutlich älteste Beleg (etwa 600 v. Chr.) stammt merkwürdigerweise aus einem Grab in Yunnan, einer Provinz im heutigen Südwesten, die zu jener Zeit nur sehr entfernt Einflüssen der chinesischen Zivilisation ausgesetzt war. Auch der zweitälteste Fund aus der Provinz Gansu im Nordwesten kommt eher von der Peripherie des Reiches. Wirklich sicheren Boden betreten wir deshalb erst im 2. Jahrhundert v. Chr.: Aus dieser Zeit gibt es sowohl zahlreiche Textbelege – unter anderem denjenigen aus dem «Buch der Riten», der davor warnt, Reis mit Essstäbchen aufzunehmen – als auch Funde, die beweisen, dass man in dieser Zeit, in der in Europa von Esswerkzeugen noch kaum die Rede sein konnte, bereits tatsächlich Stäbchen zum Essen benutzte. Doch verwendete man sie offenbar im 2. Jahrhundert nur für Fleisch, während Reis oder Gemüse mit den Fingern gegessen wurde. Diese Angewohnheit scheint erst ab dem 3. Jahrhundert n. Chr. aus der Mode gekommen zu sein. Neben den Fingern benutzten die Chinesen zum Essen übrigens seit frühesten Zeiten schon Löffel. Überraschender ist aber, dass die chinesische Archäologie in den letzten Jahren immer mehr zweifingrige Gabeln zutage gefördert hat, die zeigen, dass dieses Werkzeug viel älter ist, als seine europäische Einführung im Mittelalter es vermuten lässt.

97. Warum gibt es nur wenige Milchprodukte? China war immer eine Ackerbaukultur. Viehzucht bildete einen Luxus, den sich kaum jemand leistete. Sowohl das Rind als auch das Schaf waren die Tiere der nördlichen Nomaden. Milch nahm man in Form von Sojaextrakt zu sich, aber nicht als tierisches Produkt, und Käse gilt den allermeisten Chinesen als verdorbene Milch. Einzig gesüßter Joghurt, ebenfalls ursprünglich ein nomadisches Produkt, hat mittlerweile einen hohen Verbreitungsgrad. Von Milch indes wird den meisten Chinesen schlecht.

Schuld daran ist ein Enzym, das die Mehrzahl der Europäer hat und das ihnen erlaubt, Milchprodukte zu verdauen. Dieses Enzym besitzen alle Säuglinge überall auf der Welt, es geht jedoch Erwachsenen in großen Teilen Asiens verloren, weil sie eine sogenannte Lactose-Intoleranz haben. Deshalb liegt der durchschnittliche Milchverbrauch einer Person in China nur bei ein oder zwei Litern pro Jahr. In den letzten Jahren versucht die chinesische Regierung allerdings, Milchprodukte populärer zu machen, da maßgebliche Kräfte von ihrer gesundheitsfördernden Kraft überzeugt sind. Das führt in jüngster Zeit zu steigenden Preisen in Europa, denn die Chinesen decken sich aus den hiesigen Beständen ein. Westliche Unternehmen verkaufen Joghurt mittlerweile mit großem Erfolg. Dennoch sollte man mit dem Anbieten von Milch vorsichtig sein, wenn man chinesischen Besuch hat. Die Wahrscheinlichkeit, dass dieser Ekel vor dem weißen Getränk und seinen Derivaten empfindet, ist nach wie vor sehr hoch.

98. Welche Genussmittel gibt es? In vielen Köpfen spukt bei der Erwähnung Chinas noch immer das Wort «Opium» herum. Dieses war im 19. Jahrhundert, damals stark befördert durch den englischen Handel mit der Droge, und auch in der ersten Hälfte des 20. Jahrhunderts eines der Hauptprobleme des Landes. Die kommunistische Regierung unterband den Konsum von Opium weitgehend, und wie in allen asiatischen Staaten ist die Einnahme von Rauschgift strengstens verboten. An Genussmitteln kennt das gegenwärtige China vor allem drei Produkte: den Tee, den Schnaps und den Tabak. Das Wort Tee geht letztlich auf eine chinesische Wurzel zurück, und allgemein gilt die chinesische Teekultur als die älteste der Welt, wenn auch zweifelhaft ist, ob mit dem Wort in früher Zeit tatsächlich dieselbe Pflanze gemeint war wie heute. Ab der Tang-Zeit allerdings trank man auf jeden Fall Tee. Die Anbaugebiete der verschiedenen Sorten liegen vor allen Dingen im Süden des Landes.

Alkohol ist für China schon früh belegt. Jedoch ist die Frage, von welchem Getränk die alten Quellen berichten. In früher Zeit dürfte dies eine Art Bier gewesen sein. Traubenwein kam offenbar erst im 2. vorchristlichen Jahrhundert aus Zentralasien nach China, wobei europäische Reiseberichte des 13. Jahrhunderts jedoch eindeutig besagen, dass kein aus Trauben gewonnener Alkohol getrunken wurde. Noch viel jünger ist die Schnapsbrennerei: Sie ist eine Erfindung des 14. Jahrhunderts, setzte sich aber erst allmählich durch. Chinesische Schnäpse, von denen es zahllose verschiedene Sorten gibt, haben häufig einen Alkoholgehalt von 55 bis 60 Prozent. Dennoch waren sie lange Zeit das einzige alkoholische Genussmittel, das überall erhältlich war und getrunken wurde, wenn man des Tees überdrüssig war. Heute hat das Bier die Rolle des populärsten alkoholischen Getränkes übernommen. Eingeführt wurde es von den Deutschen, die in ihrer 1898 gegründeten Kolonie als erstes eine Brauerei aufbauten, die berühmte Tsingtao (Qingdao)-Brauerei, die auch heute noch das Aushängeschild chinesischer Bierbraukunst ist.

Allerdings haben viele Chinesen, genauso wie Japaner und Koreaner, mit Alkohol ein Problem: Mehr als 50 Prozent von ihnen fehlt nämlich ein zum Alkoholabbau benötigtes Enzym namens Dehydrogenase, über das der Körper von fast allen Europäern verfügt. Daher behalten sie Giftstoffe, die beim Alkoholgenuss aufkommen, länger im Blut als Europäer. Dies erklärt auch, warum sich das Gesicht vieler Ostasiaten schon nach Genuss eines einzigen Glases Bier rötet.

Tabak gibt es seit dem 16. Jahrhundert. Wie der Schnaps hat auch sein Genuss sich nach und nach ausgebreitet. Trotz einiger rezenter Versuche, gegen den Qualm anzugehen, ist China die größte Rauchernation der Welt, die über zahllose unterschiedliche Zigarettenmarken verfügt. Die wichtigsten Anbaugebiete des Tabaks liegen in Yunnan im Südwesten des Landes.

Bis in die neunziger Jahre des letzten Jahrhunderts galt ein längerer Chinaaufenthalt als Entbehrung, die von Arbeitgebern meist hoch bezahlt wurde. Die Globalisierung brachte aber mit sich, dass Ausländer immer seltener auf gewohnte Annehmlichkeiten verzichten müssen. So finden sich in Shanghai mittlerweile zum Beispiel große Weinläden. Die kulturelle Differenz nimmt ab, der Grad der Vermischung von Orient und Okzident dagegen zu.

99. Welche Rolle spielt die traditionelle Medizin? In Europa ist Akupunktur «in». Zahllose Arztpraxen schmücken sich mittlerweile mit Zertifikaten, die es ihnen erlauben, diese chinesische Behandlungsmethode an Patienten auszuüben. Doch wie sieht es mit der traditionellen Medizin in China selbst aus? Als Mao Zedong an die Macht kam, galt sie als billige Alternative, auf die man vor allem auf dem Land nicht verzichten konnte, da es nicht genügend westlich ausgebildete Ärzte gab. In den Städten, in denen die Versorgung besser war, trat die westliche Medizin indessen einen Siegeszug an. Medizinische Fakultäten bildeten ihre Studenten lange Zeit ausschließlich in dieser Richtung aus.

Traditionelle Medizin als ein einheitliches System gibt es eigentlich ursprünglich gar nicht. Vielmehr existierten zahllose verschiedene Schulen. Diese einten zwar bestimmte Methoden, vor allen Dingen in der Diagnostik, die sich sehr stark auf den Puls stützt. Doch Therapien und Arzneien waren häufig je nach Arzt oder Schultradition völlig verschieden. Akupunktur stellte dabei übrigens nur einen kleinen Teilbereich dar, ebenso die Moxibustion, bei der bestimmte Punkte im Körper erhitzt werden. Viel wichtiger war die Kräutertherapie. In ihr liegt auch ein Grund für das Zurückweichen der chinesischen Medizin bis in die 1980er Jahre hinein: Die Kräuterdosierungen waren nämlich häufig ausgesprochen aufwendig und geruchsintensiv. Ähnliches gilt für die Ernährungslehre, deren Vorschriften nicht für jeden Patienten leicht einzuhalten waren. Chinesische Medizin baut außerdem stark auf den traditionellen kosmologischen Vorstellungen auf: Lebensmittel sind ebenso den Fünf Elementen zugeordnet wie eigentlich alle Körperteile, die in verschiedener Form mit einzelnen Organen in Zusammenhang gebracht werden. Eine Defizienz an einem Organ kann also auf ein Zuviel oder

ein Zuwenig eines Elements zurückgeführt werden. Die Verbreitung der traditionellen Medizin nahm deshalb in dem Maße ab, in dem auch dieses Wissen zurückging.

Ihr Stellenwert blieb jedoch in der Volksrepublik China aufgrund der Maßnahmen Maos, aber auch aufgrund des großen Bildungsgefälles im Land höher als etwa auf Taiwan oder in Hongkong. Einen erheblichen Aufschwung, zu dem die europäisch-amerikanische Begeisterung beträchtlich beigetragen hat, erlebt sie seit den 1990er Jahren. Einerseits ist längst klar, dass chinesische Medizin ein Exportschlager ist, andererseits hat im Land seit Beginn des großen Wirtschaftsaufschwungs 1992 ohnehin eine starke Rückwendung zur Tradition stattgefunden. So finden sich heute wahrscheinlich mehr traditionell praktizierende Ärzte in Chinas Großstädten, als dies noch vor zwanzig Jahren der Fall war.

100. Was ist Feng-Shui? Feng-Shui heißt übersetzt einfach «Wind und Wasser». Gemeint ist mit dem Begriff die Eingrenzung von Räumen durch Wind- und Wasserelemente. Wind ist nach alter chinesischer Vorstellung ein Yang-Element, während Wasser Yin ist. Der Wind vermag es, Luft oder sichtbare und unsichtbare materielle Kräfte (qi) jeglicher Art in Bewegung zu setzen. Wasser hingegen hält Kräfte auf. Schon der Philosoph Wang Chong, der im 1. Jahrhundert n. Chr. ein Werk mit dem Titel «Kritische Erörterungen» schrieb, polemisierte gegen diese weitverbreitete Praxis, die er für blanken Unfug hielt. Gelehrte in späteren Zeiten haben es ihm immer wieder nachgemacht, so dass sich in der traditionellen Literatur kaum positive Hinweise auf Feng-Shui finden. Dennoch kann kein Zweifel daran bestehen, dass nach Gesichtspunkten des Fengshui in bestimmten Gegenden Chinas Häuser gebaut wurden – wobei das Prinzip schon früh genauso wenig auf die meisten städtischen Bauten angewandt wurde wie heute. Alte chinesische Städte waren nämlich in quadratischer Form angelegt, und die Häuser verliefen an Längs- und Querachsen, so dass wenig individueller Spielraum blieb, zumal die Innenarchitektur wenig variierte. Anders verhielt es sich bei frei in die Landschaft plazierten Bauernhäusern oder Palästen: Für diese suchte man günstige Plätze heraus und zog dafür häufig einen Meister des Feng-Shui zu Rate.

Es ist allerdings bezeichnend, dass man in Hongkong erstaunt war, als die Briten im 19. Jahrhundert den Gouverneurssitz genau so in den Berg bauten, wie es auch ein Feng-Shui-Spezialist getan hätte: im Rücken der Berg, in einiger Entfernung davor das Wasser. Man sieht daran, dass sich bestimmte Prinzipien des Fengshui recht einfach erschließen, auch ohne eine lange Ausbildung. In Hongkong und Südchina war und ist die Kunst der Bautechnik nach Feng-Shui-Gesichtspunkten übrigens besonders stark verbreitet. Viele Hochhäuser sind dort so gebaut, dass auf halber Höhe ein großes Loch ausgespart ist, um den Wind hindurchzulassen – was indes natürlich sowohl von Seiten des Feng-Shui als auch aus technischer Perspektive gerechtfertigt werden kann. Auch den Spitzen eines Hochhauses wird oft besondere Aufmerksamkeit geschenkt. In sozialistischer Zeit war Feng-Shui in der Volksrepublik China beim Hausbau kaum anzutreffen, da sich kaum jemand einen solchen Luxus hätte leisten können. Heute jedoch findet der Besucher immer mehr Hinweise darauf, dass es nach Nordchina (re)importiert wird. Dabei bestimmen natürlich in den allermeisten Fällen nach wie vor die Immobilienpreise die Wahl eines Grundstückes und nicht das Feng-Shui. Allerdings kommt es durchaus vor, dass Veränderungen an Hochhäusern vorgenommen werden, um ihre «Ausstrahlung» zu verbessern. Manchmal können nämlich nach der festen Überzeugung von Anhängern des Feng-Shui Unfälle verhindert werden, wenn der schädliche Einfluss eines Hauses gebannt wird, indem ihm zum Beispiel die Spitze abgenommen und durch eine Kugel ersetzt wird – so offenbar geschehen an einer vielbefahrenen Straße in Shanghai. Zumeist jedoch kommt Feng-Shui heute als Variante der Innenarchitektur zur Geltung.

Eine allgemeingültige Lehre des Fengshui gibt es im übrigen keinesfalls. Jeder Meister hat vielmehr seine eigenen Auffassungen, so dass es nicht selten zu einander widersprechenden Expertenmeinungen kommt.

101. Welche Rolle spielt der Sport? Traditionell ist China kein Land des Sports. Zwar war eine Art Kickball schon unter den Han beliebt und wurde später nicht selten von Palastdamen gespielt. Dabei ging es allerdings weniger um den Kampf um den Ball als um Geschicklichkeit. Aus Iran kam das Polospiel an den Kaiserhof der Tang und fand unter den Adligen viele Freunde, und schon früh wurden Akrobaten zur Belustigung geholt. Zudem wurden Kampfkünste bei den buddhistischen Shaolin-Mönchen und in daoistischen Klöstern zum Teil zu Verteidigungszwecken, zum Teil aber auch als Element meditativer Praxis geübt. Doch stand körperliche Ertüchtigung im Gegensatz zum Lebensideal des gebildeten Aristokraten, der sich eher der Kalligraphie, der Malerei oder seiner Zither zu widmen hatte. Ein agonales Prinzip wie in der europäischen Antike hat es niemals gegeben, und obwohl die Aristokratie der Vorkaiserzeit und wohl auch noch der Dynastie Han ein ausgeprägtes Interesse an Wagen-, Pferde- und Hunderennen gehabt zu haben scheint, wäre es doch von jeher völlig unvorstellbar für einen gebildeten Chinesen gewesen, sich auszuziehen, nur um mit anderen Männern nackt um die Wette zu laufen – von den Frauen ganz zu schweigen. Einzige Ausnahme war das Bogenschießen: Dieses galt als zeremonielle Handlung, die seit frühester Zeit alljährlich als Gemeindeereignis zelebriert wurde, um die Alten zu ehren.

Vor diesem Hintergrund erstaunt es nicht, dass Chinesen im 20. Jahrhundert jahrzehntelang bei internationalen Sportveranstaltungen keine Rolle spielten, wenn man einmal vom Nationalsport Tischtennis absieht. Bekanntlich wurde die Aufnahme diplomatischer Beziehungen zwischen den USA und der Volksrepublik China durch die sogenannte Pingpong-Diplomatie ermöglicht. Da es kaum Kontakte auf offizieller Ebene gab, lud der chinesische Tischtennisverband amerikanische Spieler ein, auf die dann Politiker folgten. Die große Sportbegeisterung, die China heute auszeichnet, ist ein Ergebnis der sozialistischen Umgestaltung. Begabte Kinder und Jugendliche werden in den Schulen sehr früh gesucht und gezielt gefördert. Das Training ist hart, Doping war wie bei uns lange Zeit verbreitet (und dürfte es auch jetzt noch sein). Im Turnen, in Ausdauer- und vielen Ballsportarten gehören chinesische Mannschaften heute zur Weltspitze, wenngleich Wettkampfsport während der Kulturrevolution für immerhin sechs Jahre vollständig verboten war.

Im Fußball ist der Anschluss allerdings noch nicht gelungen, obwohl viele Chinesen am internationalen Fußball überaus interessiert und so gut über ihn informiert sind, wie kaum ein anderes Volk. Der mangelnde Erfolg liegt wahrscheinlich an der Organisationsstruktur: Die Auslese der Spitzensportler fand nämlich lange Zeit vor allem in Universitäts- und Werksmannschaften statt. Erst seit 1994 verfügt China über eine eigene erste Fußball-Liga, die zwar in zwei Gruppen unterteilt ist, aber schon wegen der erheblichen Entfernungen, die für Spiele überwunden werden müssen, ausgesprochen kostenintensiv ist. Die Vereine gehören im allgemeinen Firmen, nicht selten übrigens ausländischen Unternehmen. In diesem System kann die zweite Liga, die auf regionaler Ebene spielt, natürlich nicht leicht mithalten. Unterhalb dieser Ebene gibt es kein echtes Vereinssystem, was die Professionalität erheblich einschränkt. Zudem wird der chinesische Fußball häufig von Bestechungsskandalen erschüttert, die seine Leistungsfähigkeit weiter verringern.

Zeittafel

Die Tabelle folgt den traditionellen Daten. Im Text wird hingegen des öfteren auf wissenschaftlich etablierte Daten zurückgegriffen. Diese sind besonders für den Übergang von den Shang zu den Zhou wichtig, der etwa 70 Jahre später stattgefunden haben dürfte, als die Tradition meinte.

2205–1767	Xia (mythisch)
1766–1123	Shang
1122–249	Zhou
771–479	Frühlings- und Herbst-Zeit
478–222	Zeit der Kämpfenden Staaten
221–208	Qin
207 v. Chr. – 220 n. Chr.	Han
221–279	Drei Reiche
265–419	Jin
420–588	Zeit der Sechs Dynastien: Reichsteilung
589–618	Sui
618–906	Tang
907–959	Zeit der Fünf Dynastien
960–1279	Song
1280–1367	Yuan (Mongolen)
1368–1643	Ming
1644–1911	Qing (Mandschuren)
1911–1948	Republik
seit 1949	Volksrepublik

Literaturhinweise

Bauer, Wolfgang: Geschichte der chinesischen Philosophie, München 2001.

Dabringhaus, Sabine: Geschichte Chinas. 1279–1949, München 2006.

Ebrey, Patricia Buckley: China. Eine illustrierte Geschichte, Frankfurt 1996.

Emmerich, Reinhard (Hg.), Chinesische Literaturgeschichte, Stuttgart 2004.

Ess, Hans van: Der Konfuzianismus, München 2003.

Fairbank, John K.: Geschichte des modernen China, 1800–1985, München 1989.

Feuser, Florian: Der hybride Raum. Chinesisch-deutsche Zusammenarbeit in der VR China, Bielefeld 2006.

Gernet, Jacques: Die chinesische Welt. Die Geschichte Chinas von den Anfängen bis zur Jetzt-Zeit, Frankfurt 1979.

Heilmann, Sebastian: Das politische System der VR China, 2., aktualisierte Auflage, Wiesbaden 2004.

Herrmann-Pillath, Carsten, und Lackner, Michael (Hg.): Länderbericht China. Politik, Wirtschaft und Gesellschaft im chinesischen Kulturraum, Bonn 1998.

Karlgren, Bernhard: Schrift und Sprache der Chinesen, Berlin 1975.

Klein, Thoralf: Geschichte Chinas. Von 1800 bis zur Gegenwart, Stuttgart 2007.

Kuan, Yu-chien, und Häring-Kuan, Petra: Der China-Knigge. Eine Gebrauchsanweisung für das Reich der Mitte, Frankfurt a.M. 2006.

Li, Zhisui: Ich war Maos Leibarzt, Bergisch Gladbach 1994.

Meinshausen, Frank: Das Leben ist jetzt. Neue Erzählungen aus China, Frankfurt 2003.

Merson, John: Straßen nach Xanadu. China und Europa und die Entstehung der modernen Welt, Hamburg 1989.

Moritz, Ralph: Die Philosophie im alten China, Berlin 1990.

Osterhammel, Jürgen: China und die Weltgesellschaft. Vom 18. Jahrhundert bis in unsere Zeit, München 1989.

Osterhammel, Jürgen: Die Entzauberung Asiens. Europa und die asiatischen Reiche im 18. Jahrhundert, München 1998.

Osterhammel, Jürgen: Shanghai, 30. Mai 1925. Die chinesische Revolution, München 1997.

Reiter, Florian C.: Religionen in China. Geschichte, Alltag, Kultur, München 2002.

Sandschneider, Eberhard: Globale Rivalen. Chinas unheimlicher Aufstieg und die Ohnmacht des Westens, München 2007.

Schmidt-Glintzer, Helwig: Geschichte der chinesischen Literatur, 2. Auflage, München 1999.

Spence, Jonathan: Chinas Weg in die Moderne, München 1995.

Staiger, Brunhild: Länderbericht China, Darmstadt 2000.

Abbildungsnachweis

Kapitel «Geschichte»: Der chinesische General Li Hongzhang (1823–1901) zu Besuch bei dem ehemaligen britischen Premierminister William Gladstone. Im Gegensatz zu vielen anderen Politikern seiner Zeit suchte Li Hongzhang den Kontakt zur internationalen Politik. (Aus: Patricia Buckley Ebrey: The Cambridge Illustrated History of China, Cambridge University Press, 1996, Seite 255)

Kapitel «Politik»: Der achtzigjährige Deng Xiaoping (1904–1997) fährt anläßlich des fünfunddreißigsten Jahrestages der Gründung der Volksrepublik China eine Ehrengarde ab. (Aus: Patricia Buckley Ebrey: The Cambridge Illustrated History of China, Cambridge University Press, 1996, Seite 214)

Kapitel «Wirtschaft»: Eine junge Wanderarbeiterin 1995 auf einer Baustelle in Shanghai. Photo: Co de Kreuijf (Aus: Patricia Buckley Ebrey: The Cambridge Illustrated History of China, Cambridge University Press, 1996, Seite 233)

Kapitel «Sprache und Schrift»: Schüler bei Schreibübungen, Photographie, um 1900. (Aus: Jonathan D. Spence & Annping Chin: The Chinese Century. A Photographic History of the Last Hundred Years, Random House, New York, 1996, Seite 22)

Kapitel «Religion und Philosophie»: Die knapp fünfzig Meter hohe Zhenghuo-Pagode des Kaiyuan-Klosters in Fuzhou. (Aus: Wei Ran: Buddhist Buildings. Ancient Chinese Architecture, Springer, Wien/New York, 2000, Seite 126)

Kapitel «Kultur»: Ausschnitt aus einem Gemälde von Gong Kai (1222 – ca. 1304), das eine Dämonenjagd darstellt. (Aus: Patricia Buckley Ebrey: The Cambridge Illustrated History of China, Cambridge University Press, 1996, Seite 178)

Kapitel «Gesellschaft»: Anna May Wong (1907–1961) war die erste chinesische Schauspielerin, die zum international bekannten Filmstar wurde. (Aus: Jonathan D. Spence & Annping Chin: The Chinese Century. A Photographic History of the Last Hundred Years, Random House, New York, 1996, Seite 103)

Kapitel «Ernährung und Kleidung, Medizin und Sport»: Dame in weitärmeligem Oberkleid. Detail aus der Wandschirmmalerei «Lustbarkeiten der kaiserlichen Konkubinen» aus der Qing-Zeit. (Aus: Zhou Xun/Gao Chunming: Fünftausend Jahre chinesische Mode. Kleidung, Kopfputz, Schuhwerk, Schmuck. Verlag Ernst Wasmuth Tübingen und Office du Livre Fribourg, 1985, Seite 165)

Karte *In China gesprochene Sprachen*: © Peter Palm, Berlin